Greenberg's GUIDES

AMERICAN FLYER
AND OTHER S GAUGE MANUFACTURERS
POCKET PRICE GUIDE

Edited by Roger Carp
and Lesley Weiss

KALMBACH BOOKS

© 2005 Kalmbach Publishing Co. All rights reserved. No part of this book may be reproduced in any form or by any means, including electronic, photocopying or recording, or by any information storage system, without written permission of the publisher, except in the case of brief quotations used in critical articles and reviews. Published by Kalmbach Publishing Co., 21027 Crossroads Circle, Waukesha, WI 53186.

Twenty-second Edition

For more information, visit our Web site at
www.kalmbachbooks.com
Printed in Canada.

We constantly strive to improve *Greenberg's Pocket Price Guides*. If you find missing items or detect misinformation, please, by all means, write to us. If you have recommendations for improving a listing, we would like to hear from you. Send your comments, new information, or corrections to:

Editor—American Flyer Pocket Guide (10-8606)
Books Division
Kalmbach Publishing Co.
21027 Crossroads Circle
P.O. Box 1612
Waukesha, WI 53187-1612

Or via e-mail: books@kalmbach.com

Lionel and American Flyer are the registered trademarks of Lionel LLC, Chesterfield, Michigan

Cover design: Mike Soliday
Book layout: Lesley Weiss

Cover photo: Model no. 405 Silver Streak Alco PA diesel cataloged in 1952, provided by John Heck. Inset: Model no. 661 American Flyer Lines passenger car cataloged in 1950-52, provided by John Heck.

CONTENTS

INTRODUCTION 4
   The Latest and Greatest Guide. 4
   What Is Listed and What Isn't 4
   How Product Values Are Determined. 6

HOW TO READ THIS GUIDE. 7

S GAUGE MARKETPLACE. 9
   When to Consult this Guide. 9
   Postwar Trains and Accessories 9
   Modern-Era Trains and Accessories. 10

SECTION 1: Gilbert Production 1946-1966 11

SECTION 2: Lionel Production 1979-2006 35

SECTION 3: American Models 1981-2006 46

SECTION 4: S-Helper Service 1994-2006 65

SECTION 5: Gilbert Catalogs & Paper 1946-1966 . . . 90

ABBREVIATIONS 95

INTRODUCTION

The Latest and Greatest Guide

Welcome to the latest edition of what hobbyists regard as the most authoritative and trusted price guide to the trains and accessories produced by the leading S gauge firms of the past sixty years. Whether you're a longtime S gauge enthusiast or a newcomer to the toy train hobby, in this guide you'll find the information you need to identify and evaluate the thousands of items made by various S gauge manufacturers between 1946 and 2006. Most of all, you will have at your fingertips the most up-to-date prices for those diverse locomotives, freight and passenger cars, stations, tunnels, signals, track sections, transformers, catalogs, and so much more.

Over the years, hundreds of enthusiasts have contributed extensive research to each edition of this guide, which is informally known as the *American Flyer Pocket Price Guide*. This 2006 edition represents the culmination of tremendous effort by many contributors. As a result, this edition contains information on just about every toy train product marketed by the A.C. Gilbert Co. for its American Flyer line between 1946 and 1966. Also collected between the two covers of this guide are complete listings of all the S gauge trains put out by Lionel (using Gilbert tooling as well as its own), American Models, and S-Helper Service. Together, these contemporary firms are causing the quantity of cataloged S gauge items to explode and their quality to reach new heights.

In short, every effort has been made since the first edition of this price guide was published to ensure that it is comprehensive and correct. Its listings should be clear and easy to use. Let us know what you think and how the *American Flyer Pocket Price Guide* can be made better. Improvements continue to be made, thanks to the suggestions of our readers.

What is Listed and What Isn't

When the first editions of this pocket price guide were published, the only S gauge products included were the classic trains and accessories developed by the A.C. Gilbert Co. for its American Flyer line. You'll still find those terrific models listed in section 1. The locomotives and freight and passenger cars cataloged between 1946 and 1966 are included. So are the many American Flyer accessories, track sections, and transformers.

Gilbert released its final, abbreviated line of American Flyer trains in 1966 and declared bankruptcy a year later. In one of those "who'd-a-thunk-it?" scenarios, Lionel, which dominated the toy train industry in the postwar era, ended up acquiring the tools and dies that Gilbert had used to mass-produce American Flyer trains and related items.

S gauge enthusiasts wondered what Lionel would do now that it controlled the assets needed to revive the Flyer line. Then they fumed when nothing happened. Finally, in 1979, Lionel (really, Model Products Corp., a division of General Mills) brought out a selection of Flyer trains and accessories. Ever since, thanks to old and new tooling, Lionel has been cataloging train sets, locomotives, cars, and more for its revamped American Flyer line.

Section 2 covers every item that Lionel has produced or

sponsored for that line since 1979. The vast majority of these "new" items represent postwar models that Lionel has brought up to date with different paint and lettering schemes and improved motors. Popular operating accessories have been revived, much to the delight of S and O gauge hobbyists, who agree that particular freight loaders, light towers, and more work equally well on their layouts. Other Lionel-produced models appear as uncataloged items offered by different toy train collecting associations and museums for promotional purposes.

Section 3 covers every set, locomotive, and car made and marketed by American Models since the company entered the toy train field in 1981. Over the past 25 years, this firm has offered S gauge collectors and operators a wide range of new models of popular electric-profile and diesel locomotives. It has recently broadened its roster with its first steam locomotive and tender. The types of freight and passenger cars American Models has developed are impressive in terms of their variety and decoration. Also part of the company's S gauge line are sections of track and remote-controlled switches.

Section 4 covers every locomotive and car made and marketed by S-Helper Service since the company entered the toy train field in 1994. The number of items this newcomer has put out in little more than a decade is nothing short of breathtaking—almost 1,400 train sets, locomotives (diesel and steam), freight and passenger cars, switches (manual and remote-controlled), trucks, couplers, and more. Locomotives and rolling stock feature an incredible array of railroad names and different road numbers.

Section 5 concludes this price guide with a chronological listing of the catalogs and other paperwork that the A.C. Gilbert Co. put out for consumers and dealers.

About the only notable American Flyer items that are not included in section 1 are the boxed sets of trains that Gilbert cataloged. These S gauge sets are omitted from this guide because, to be considered complete, they must have all the items, including ancillary ones, Gilbert packed with them. Further, they should be in their original boxes. The level of completeness demanded for American Flyer sets puts them beyond the scope of this guide.

Also left out of the *American Flyer Pocket Price Guide* are the rare items that have surfaced. These unique pieces include mock-ups of products that were assembled by members of Gilbert's Engineering Department. They include, too, models created for company executives to judge the merits of different paint and lettering schemes. These items, some of which are one of a kind, are so scarce that values cannot be assigned to them. As a result, there is no point in mentioning them in a guide like this one, although some have been described in hobby magazines, such as *Classic Toy Trains*, and reference works.

Of course, longtime Gilbert enthusiasts know that their favorite toy maker produced and marketed playthings other than electric trains during its nearly 60 years in business. Gilbert had gained renown for its Erector sets and Mysto-Magic outfits long before it entered the toy train field in 1938 by buying the O gauge line developed by American Flyer Manufacturing Co. These toys, along with the puzzles, woodworking tools, and science kits Gilbert made after World War II, also attract interest from collectors.

Nevertheless, the editors of this price guide to S gauge trains decided years ago not to include Gilbert's other toys or its electric appliances. The decision to focus on S gauge trains of the post-

World War II years explains other omissions. You won't find mention of the O gauge trains that Gilbert cataloged between 1939 and 1942 (when federal restrictions terminated domestic production of miniature electric trains until 1945) or the HO scale trains that it offered after the war. For the same reason, information on the Wide and O gauge trains produced by American Flyer Manufacturing is also absent.

How Product Values are Determined

Every user of the *American Flyer Pocket Price Guide* wants to know how the values are ascertained. There's nothing mysterious or arbitrary about the process. Over the years, we at Kalmbach Publishing Co. have gained the cooperation of many dealers and hobbyists, some of whom serve on our national review panel. These knowledgeable individuals share information about the trains and accessories they have bought and sold. They report on transactions conducted at meets across the United States, in retail outlets, and over the Internet. The editors of this guide study the information and supplement it with data from the publications of hobby groups that facilitate the buying and selling of trains.

The values presented here are an averaged reflection of prices for items bought and sold across the country over the year prior to the publication of this edition of the *American Flyer Pocket Price Guide*. These values are offered as guidelines and not indisputable declarations. In other words, the values published here should be viewed as starting points that buyers and sellers can use to begin informed and reasonable negotiations.

Keep in mind that values for individual items may differ from what is specified in this price guide due to a few key factors. First, values may exceed what is shown in areas where collectible trains are scarce and demand outruns supply. Second, values may rise where certain items are especially popular, often because of the road names on them. Third, national and local economic conditions have an impact on the values of trains, just as they do on all collectibles. Values tend to drop when times are toughest and demand falls.

A fourth factor influencing what a toy train is worth relates to the venue in which it is being sold. Antiques dealers generally ask more for an item than do folks putting it out at a garage sale. Mail-order and retail outlets tend to charge more for trains than do individuals at shows because they need to be compensated for the additional costs generated by operating a store, compiling and distributing price lists, and packing and shipping trains. Of course, the cost of any item can balloon far beyond its listed value when two or more people compete for it at a live or an Internet auction.

HOW TO READ THIS GUIDE

Number	Description	Condition —— Good	Exc	Cond/$
472	Santa Fe PA, *56*	110	340	___
474/475	Rocket PA/PA, *53-55*			
	(A) Chromed, *53*	125	350	___
	(B) Silver-painted, *54-55*	110	380	___
476	Rocket PB, *55**		NRS	___

Number

Every item is listed by the catalog or product number that it is assigned by its manufacturer, or its equivalent if the item was not described in a catalog.

An item whose number begins or ends with a letter is placed amid those without such a "prefix" or "suffix." As examples, a 32A park set comes after a 32 city street equipment set. An item whose number has a numeral added to it comes after one without such a "suffix." Therefore, a 271-1 waiting station follows a 271 three-piece "whistle stop" set.

Here are a few aids that will help you better understand the ways that numbers can be presented.

Parentheses: An item whose number is enclosed by parentheses does not have its catalog number appearing on it. An example is the Lionel American Flyer (48016) Merry Christmas GP20 road switcher. The number decorating the model is "1225," but the number in the catalog is "48016."

Brackets: An item whose number is enclosed by brackets has unique identifying marks (decoration) that were not added by the manufacturer.

No Number: An item for which no number, cataloged or otherwise, has been determined is placed with similar items at the rear of its correct chronological section. These items are organized alphabetically by the name assigned them. An example is S-Helper's track pack lube set; lacking a number, it can be found at the end of section 4.

Not Assigned: An item for which the manufacturer did not assign a catalog or product number is placed with similar items at the rear of its correct section.

Description

Every entry follows its number with a description of the item. The railroad or company name is specified first, followed by the type of equipment. Then, if the item has a road number that differs from its catalog number, that number is shown enclosed by quotation marks. Abbreviations are explained in the listings at the end of this pocket price guide.

Notable color or lettering information appears next, followed by the year(s) when that item was cataloged (except in the American Models section, where the items are continually manufactured). Dates that have "u" indicate that the item was a promotional product of some sort and was not part of its manufacturer's cataloged line. Some numerical entries show an asterisk (*) after the date. This mark indicates that one or more reproductions of this item have been made over the past 20 or so years.

A few numerical entries have subordinate listings of variations that are indicated by separate letters (A, B, and so forth). Variations amount to slight yet noteworthy differences in appearance that distinguish models that otherwise seem identical. These differences can relate to the color or the lettering on the model (in particular, the name of the railroad added). Other variations include details the manufacturer added or deleted.

Condition

Every entry concludes with an indication of the value of the item. Gilbert Flyer trains are evaluated in good and excellent condition. Lionel-produced trains are assessed in new condition. American Models and S-Helper items have their current retail prices specified, if possible. Gilbert catalogs are evaluated in excellent and new condition.

Regardless of the classifications used in various sections of this pocket price guide, S gauge enthusiasts should be familiar with the standards established by the Train Collectors Association for evaluating the condition of toy trains and accessories:

Fair: well-scratched, chipped, dented, rusted, or warped.
Good: scratched, small dents, dirty.
Very good: few scratches, no dents, rust or warping, very clean.
Excellent: minute scratches or nicks, exceptionally clean.
Like new: free of scratches or nicks, completely original (including box), vibrant colors, faint signs of handling or use.
New (mint): brand new, absolutely unmarred, completely original (including box and all paperwork added by manufacturer), never used:

Besides the characteristics associated with the levels of condition, readers of the *American Flyer Pocket Price Guide* should be aware of three other designations that are used.

CP (Current Production) refers to an item that's currently being manufactured, advertised, or sold by retail stores. An example is the S-Helper Service (01493) Chessie bay-window caboose. Part of S-Helper's line in 2004, it still can be bought from retailers.

NM (Never Manufactured) refers to an item that may have been mentioned or pictured in a Lionel catalog but was never mass-produced. An example is the American Flyer 305 Reading Lines Atlantic steam locomotive and tender, which Gilbert described and showed in its 1951 consumer catalog, but didn't manufacture.

NRS (No Reported Sales) refers to an item for which adequate pricing data have not been obtained for any examples sold. Typically, these items are sufficiently scarce that only a handful have been reported, and those tend not to be sold on the retail market with a frequency that permits information to be gathered. An example is the American Flyer 807 Rio Grande boxcar from 1957. Typically manufactured by Gilbert with doors that do not open, legitimate examples with opening doors have been reported. However, information on recent sales of such rare variations is minimal.

S GAUGE MARKETPLACE

When to Consult This Guide

Many readers of the *American Flyer Pocket Price Guide* use it "after the fact." They already have some trains and accessories and now want to identify and evaluate those items. The *American Flyer Pocket Price Guide* can also help you think about what to acquire in the future. That's really where the fun begins! You just have to spend some time considering how you want to approach the toy train hobby. Collect, operate, or both? Postwar or modern? American Models or S-Helper Service? Particular type of locomotive or freight car?

Once you have a general idea of how to enjoy this hobby, you can make informed decisions about which trains you desire. That want list can grow pretty rapidly, so try to keep it under control before you have to take out a second mortgage or get a third job!

Postwar Trains and Accessories

This is a curious time to be concentrating on postwar American Flyer. On the one hand, serious collectors are paying record prices for like-new and mint items, boxes are escalating in value, and demand for original and complete sets, top-of-the-line locomotives, and scarce variations continues to rise to stratospheric heights. Little wonder that the proprietors of auction houses and sites and a few dealers keep smiling.

On the other hand, the need that operators once felt to acquire postwar pieces to run on their S gauge layouts has all but vanished. The selection of realistic steam and diesel locomotives and colorful freight and passenger cars that American Models, Lionel, and S-Helper Service offer in mind-boggling variety each year just gets greater.

As a result, folks who want to run trains can choose from models that promise superior performance and outstanding detail. Few S gauge enthusiasts can say that the postwar line from Gilbert surpassed what is available today, which is why operators are devouring new catalogs and paying less attention to what was offered 50 years ago.

What these shifts in interest mean for the current market inspires debate. Plainly, anyone who wants good and even excellent trains to display or operate will find that all but the most deluxe and exotic models are available in abundant supply and at affordable prices. This point applies even to auctions. Collectors with deep pockets and high standards may turn up their noses at common pieces as well as notable trains because those items are graded below like-new or do not come with all their original packaging.

So collectors willing to forgo a box and to accept a scratch or paint chip may find items available that they once thought were beyond their aspirations. They may also benefit from the shift of operators away from postwar trains to contemporary ones. Operating cars, especially those models and road names that are considered fairly common, deserve more attention. In contrast, passenger cars continue to dazzle serious collectors, and so their prices have stayed at the same level or even climbed over time.

Demand for certain items in the higher grades seems stronger, which means that those same trains in good or possibly excellent condition may be overlooked. For example, the big steam locomotives, sleek PA diesels, realistic boxcars, and impressive tank cars that Gilbert cataloged in the 1950s continue to gain strength on the collector market. The same can be said of different freight loaders, figures, and stations. Originals draw more attention, probably because reproductions have inundated the market.

As a sidenote, consumer catalogs from the entire postwar period are available at low prices. "So what," you say. Well, as bound volumes of catalog reproductions go out of print, demand for originals should rise, which logically means that Gilbert's "wish books" in excellent and better condition will go up in value. If you love the postwar era and don't have a complete set of catalogs, this is the time to buy the missing ones.

Now, in short, may be a great time to be collecting or operating postwar American Flyer trains, provided you're willing to make a few compromises in the appearance, performance, and packaging of the locomotives, cars, and accessories you buy.

Modern Era Trains and Accessories

Anyone who wants to assess the current state of S gauge within the toy train hobby needs only count the pages in this guide. The assorted trains and accessories that Gilbert cataloged in the 20 years of the postwar period are covered in approximately that many pages. But the modern era, covering the past 27 years, requires more than 50 pages to describe and present values for all the items that American Models, Lionel, and S-Helper Service have produced. Is there any doubt that, based on the huge variety of "stuff" available, today's S gauge train lovers are living through a golden age?

Flip through sections 2, 3, and 4 and you'll come across S gauge models of many of the best-known diesel locomotives seen during the twentieth century and any kind of freight or passenger car imaginable. Railroads large and small, prominent and forgotten, are represented. No matter what era, region, or genre of modern American railroading catches your fancy, you can find a good selection of the replicas needed to preserve it.

Increasing numbers of S gauge enthusiasts are jumping on the contemporary bandwagon and buying trains of a recent vintage to operate on the layouts they're building. Thanks to American Models and S-Helper Service, they have found dozens of new locomotives to run, including the EMD diesels and GG1 electrics that Gilbert never made, not to mention the first new steamers introduced since the postwar decades.

When it comes to cars for any of these powerful, detailed locomotives, S gauge hobbyists have a selection of rolling stock that overshadows what was available in the 1950s and 1960s. Lionel and other current manufacturers have brought out superb models of vintage and contemporary boxcars, tankers, refrigerator cars, and covered hoppers. The array of neat loads carried on flatcars is amazing, and the range of caboose styles and road names continues to grow.

GILBERT PRODUCTION
1946–1966

	Good	Exc	Cond/$

American Flyer Circus Flatcar See (643)
Borden's Flatcar Pike Master couplers See (24575)
C&NWRWY 42597 w/ link couplers See (628)
C&NWRWY 42597 w/ knuckle couplers See (928) or 934
Freight Ahead Caboose, *63*   3   10   ___
G. Fox & Co. See (633F)
Keystone See (24067)
New Haven w/ pipes, Pike Master couplers See (24564)
Pennsylvania See (24130)
Rocket Launcher and USM See (25056)
Simmons See (24420)
Undecorated Flatcar body See (24575)
Virginian See (632)
Washington See (21089)

		Good	Exc	Cond/$
1	25-watt Transformer, *49-52*	1	3	___
1	35-watt Transformer, *56*	4	9	___
1A	40-watt Transformer, *57 u*	3	10	___
1½	45-watt Transformer, *53*	1	5	___
1½	50-watt Transformer, *54-55*	1	5	___
1½B	50-watt Transformer, *56*	1	5	___
2	75-watt Transformer, *47-53*	3	10	___
2B	75-watt Transformer, *47-48*	3	11	___
3	50-watt Transformer, *46 u*	1.50	6	___
4B	100-watt Transformer, *49-56*	10	25	___
5	50-watt Transformer, *46*	1.50	6	___
5A	50-watt Transformer, *46*	1.50	6	___
5B	50-watt Transformer, *46*	3	6	___
6	75-watt Transformer, *46*	1	7	___
6A	75-watt Transformer, *46*	1	6	___
7	75-watt Transformer, *46 u*	2.50	8	___
7B	75-watt Transformer, *46*	2.50	8	___
8B	100-watt Transformer, *46-52*	11	31	___
9B	150-watt Transformer, *46*	18	34	___
9½B	Transformer made for export		NRS	___
10	DC Inverter, *46*	6	17	___
11	Circuit Breaker, *46*	3	11	___
12B	250-watt Transformer, *46-52*	31	120	___
13	Circuit Breaker, *52-55*	4	10	___
14	Rectiformer, *47, 49*	9	35	___
15	Rectifier, *48-52*	5	27	___
15B	110-watt Transformer, *53*	13	50	___
16	Rectiformer, *50*	10	41	___
16B	190-watt Transformer, *53*	30	80	___
16B	175-watt Transformer, *54-56*	23	65	___
16C	35-watt Transformer, *58*	6	17	___
17B	190-watt Transformer, *52*	35	85	___
18	Filter, *50 u*		NRS	___
18B	190-watt Transformer, *53*	29	105	___
18B	175-watt Transformer, *54-56*	24	85	___
19B	300-watt Transformer, *52-55*	55	155	___
20	See (247)20			

	GILBERT PRODUCTION 1946–1966	Good	Exc	Cond/$
21	Imitation Grass, *49-50*	15	27	___
21A	Imitation Grass, *51-56*	15	28	___
22	Scenery Gravel, *49-56*	13	24	___
23	Artificial Coal, *49-56*	14	25	___
24	Rainbow Wire, *49-56*	3	10	___
25	Smoke Cartridge, *47-56*	5	17	___
26	Service Kit, *52-56*	7	28	___
27	Track Cleaning Fluid, *52-56*	2.50	8	___
28	Track Ballast, *50*	5	11	___
28A	Track Ballast, *51-53*	5	14	___
29	Imitation Snow, *50*	45	100	___
29A	Imitation Snow, *51-53*	50	125	___
30	Highway Signs, *49-52*	42	165	___
30	See (247)30			
30B	300-watt Transformer, *53-56*	85	210	___
31	Railroad Signs, *49-50*	80	285	___
31A	Railroad Signs, *51-52*	75	190	___
32	City Street Equipment, *49-50*	55	195	___
32A	Park set, *51*	55	200	___
33	Passenger and Train Figure set, *51-52*	75	215	___
34	Railway Figure set, *53*	105	770	___
35	Brakeman w/ lantern, *50-52*	95	160	___
40	See (247)40			
40	Smoke set, *53-56*	2.50	4	___
50	District School, *53-54*	65	250	___
50	See (247)50			
55	See (240)55			
65	See (245)65			
88	See (210)88			
100	Step Display, *48*	55	275	___
100	Universal Lock-on		NRS	___
160	Station Platform, *53*	165	470	___
161	Bungalow, *53*	115	270	___
162	Factory, *53*	80	255	___
163	Flyerville Station, *53*	110	195	___
164	Red Barn, *53*	105	400	___
165	Grain Elevator, *53*	50	250	___
166	Church, *53*	95	290	___
167	Town Hall, *53*	105	335	___
168	Hotel, *53*	120	375	___
234	See (21)234			
247	Tunnel, *46-48*	20	34	___
248	Tunnel, *46-48*	20	39	___
249	Tunnel, *47-56*	14	46	___
263	PRR 0-6-0 Switcher, *57*		NM	___
270	News and Frank Stand, *52-53*	50	135	___
271	Three-Piece "Whistle Stop" set, *52-53*	65	225	___
271-1	1) Waiting Station, *52-53*	21	60	___
271-2	2) Refreshment Booth, *52-53*	21	60	___
271-3	3) Newsstand, *52-53*	21	60	___
272	Glendale Station and Newsstand, *52-53*	65	215	___
273	Suburban Railroad Station, *52-53*	65	220	___

GILBERT PRODUCTION 1946–1966   Good   Exc   Cond/S

		Good	Exc	Cond/S
274	Harbor Junction Freight Station, *52-53*	55	225	___
275	Eureka Diner, *52-53*	45	200	___
282	CNW 4-6-2 Pacific, *52-53*			
	(A) "American Flyer," *52*	38	90	___
	(B) w/ coal pusher, *53*	44	95	___
283	CNW 4-6-2 Pacific, *54-57*	29	90	___
285	CNW 4-6-2 Pacific, *52*	42	140	___
287	CNW 4-6-2 Pacific, *54*	21	85	___
289	CNW 4-6-2 Pacific, *56 u*	80	300	___
290	American Flyer 4-6-2 Pacific, *49-51*	28	85	___
293	NYNH&H 4-6-2 Pacific, *53-58*			
	(A) Reverse in tender, *53-57*	45	125	___
	(B) Reverse in cab, *57 u*	90	235	___
295	American Flyer 4-6-2 Pacific, *51*	70	210	___
296	NYNH&H 4-6-2 Pacific, *55 u*	80	375	___
299	Reading 4-4-2 Atlantic, *54 u*	44	200	___
300	Reading 4-4-2 Atlantic, *46-47, 52*			
	(A) "Reading," *46-47*	19	70	___
	(B) Other variations, *47, 52*	15	45	___
300AC	Reading 4-4-2 Atlantic, *48-50*			
	(A) Four-piece boiler, *48*	20	60	___
	(B) Other variations, *49-50*	15	45	___
301	Reading 4-4-2 Atlantic, *53*	15	45	___
302	RL 4-4-2 Atlantic (mv), *48, 51-53*			
	(A) Smoke in tender		NRS	___
	(B) Smoke in boiler	16	50	___
	(C) Plastic	15	48	___
302AC	Reading Lines 4-4-2 Atlantic (mv), *48, 50-52*			
	(A) Four-piece boiler	17	55	___
	(B) Other variations	20	60	___
303	Reading 4-4-2 Atlantic, *54-56*	17	60	___
305	Reading 4-4-2, *51*		NM	___
307	Reading 4-4-2 Atlantic, *54-57*	18	44	___
308	Reading 4-4-2 Atlantic, *56*	24	90	___
310	PRR 4-6-2 Pacific, *46-48*	39	100	___
312	PRR 4-6-2 Pacific (mv), *46-48, 51-52*			
	(A) "Pennsylvania," s-i-t, *46*	55	165	___
	(B) Other variations	65	130	___
312AC	PRR 4-6-2 Pacific, *49-51*	50	130	___
313	PRR 4-6-2 Pacific, *55-57*	65	265	___
314AW	PRR 4-6-2 Pacific, *49-50*	95	345	___
315	PRR 4-6-2 Pacific, *52*	75	290	___
316	PRR 4-6-2 Pacific, *53-54*	70	250	___
320	NYC 4-6-4 Hudson, *46-47*	45	160	___
321	NYC 4-6-4 Hudson, *46-47*	47	215	___
322	NYC 4-6-4 Hudson, *46-49*			
	(A) "New York Central," *46*	41	165	___
	(B) "American Flyer Lines," *47-49*	35	140	___
322AC	NYC 4-6-4 Hudson, *49-57*	41	165	___
324AC	NYC 4-6-4 Hudson, *50*	65	215	___
325AC	NYC 4-6-4 Hudson, *51*	55	190	___

GILBERT PRODUCTION 1946–1966

		Good	Exc	Cond/$
K325	NYC 4-6-4 Hudson, *52*			
	(A) Early coupler riveted to truck	155	350	___
	(B) Other variations	50	215	___
326	NYC 4-6-4 Hudson, *53-57*			
	(A) Small motor	55	200	___
	(B) Large motor	105	310	___
332	Union Pacific 4-8-4, Northern, *46-49*			
	(A) AC, "Union Pacific" s-i-t, *46*		NRS	___
	(B) AC "American Flyer Lines," *47-48*	150	415	___
	(C) DC "American Flyer Lines," *48-49*	150	485	___
	(D) DC silver lettering, *47*	1050	1750	___
332AC	Union Pacific 4-8-4 Northern, *51*	150	450	___
332DC	Union Pacific 4-8-4 Northern, *49*	135	510	___
334DC	Union Pacific 4-8-4 Northern, *50*	150	460	___
K335	Union Pacific 4-8-4 Northern, *52*	150	460	___
336	Union Pacific 4-8-4 Northern, *53-56*			
	(A) Small motor	150	510	___
	(B) Large motor	165	570	___
342	NKP 0-8-0 Switcher, *46-48, 52*			
	(A) "Nickel Plate Road" s-i-t, *46*		NRS	___
	(B) "American Flyer Lines" s-i-t, *47*	115	485	___
	(C) Same as (B), but DC	110	475	___
	(D) "American Flyer Lines" s-i-b, *48*	95	355	___
	(E) "American Flyer," *52*	95	405	___
342AC	NKP 0-8-0 Switcher, *49-51*	100	340	___
342DC	NKP 0-8-0 Switcher, *48-50*	100	360	___
343	NKP 0-8-0 Switcher, *53-58*			
	(A) Reverse in tender, *53-54*	110	345	___
	(B) Reverse on motor, *54, 56*	125	440	___
346	NKP 0-8-0 Switcher, *55*	205	590	___
350	Royal Blue 4-6-2 Pacific (mv), *48, 50*			
	(A) Wire handrails, *48*	50	195	___
	(B) Cast handrails, *50*	43	165	___
353	AF Circus 4-6-2 Pacific, *50-51*	125	490	___
354	Silver Bullet 4-6-2 Pacific, *54*	60	220	___
355	CNW Baldwin, *56-57*			
	(A) Unpainted green plastic	65	145	___
	(B) Green-painted plastic	115	305	___
356	Silver Bullet 4-6-2 Pacific, *53*			
	(A) Chrome	65	210	___
	(B) Satin-silver paint	60	85	___
360/361	Santa Fe PA/PB, *50-51*			
	(A) Chromed, *50*	70	270	___
	(B) Chromed w/ handrails, *50*	120	620	___
	(C) Silver-painted, *51*	70	250	___
360/364	Santa Fe PA/PB, *50-51*			
	(A) Silver-painted, "Santa Fe," *50*	70	240	___
	(B) Other variations		NRS	___
360/361/360 SP PA/PB/PA Cutout Pilots, *u*			NRS	___
370	GM AF GP-7, *50-53*			
	(A) w/ link coupler bars	60	170	___
	(B) w/ knuckle couplers	65	190	___

GILBERT PRODUCTION 1946–1966

		Good	Exc	Cond/$
371	GM AF GP-7, *54*	105	210	___
372	Union Pacific GP-7, *55-57*			
	(A) "Built by Gilbert"	115	250	___
	(B) "Made by American Flyer"	135	350	___
374/375	Texas & Pacific GP-7, *54-55*			
	(A) Sheet metal frame	175	470	___
	(B) Die-cast frame	160	430	___
375	GM AF GP-7, *53*	490	940	___
377	Texas & Pacific GP-7, *53*		250	___
378	Texas & Pacific GP-7, *56-57*	175	510	___
(405)	Silver Streak PA, *52*	85	300	___
440	Lamp	1.50	5	___
441	Lamp	1.50	5	___
442	Lamp	1.50	5	___
443	Lamp	1.50	9	___
444	Lamp	1.50	5	___
450	Track Terminal, *46-48*	1.50	5	___
451	Lamp	1.50	5	___
452	Lamp	1.50	5	___
453	Lamp, *46-48*			
	(A) One bulb	1.50	5	___
	(B) Three bulbs	1.50	6	___
460	Bulbs, *51, 53-54*	34	135	___
461	Lamp	2	7	___
466	Comet, PA, *53-55*			
	(A) Chromed, *53*	85	240	___
	(B) Silver-painted, decal, *54-55*	75	220	___
	(C) Silver-painted, w/ heat-stamped letters	90	290	___
467	Comet PB, *55**		8000	___
470/471/473	SF PA/PB/PA, *53-58*			
	(A) Chromed, *53*	130	520	___
	(B) Silver-painted, *54-57*	115	460	___
	(C) Silver-painted, integral steps	245	590	___
472	Santa Fe PA, *56*	110	340	___
474/475	Rocket PA/PA, *53-55*			
	(A) Chromed, *53*	125	350	___
	(B) Silver-painted, *54-55*	110	380	___
476	Rocket PB, *55**		NRS	___
477/478	Silver Flash PA/PB, *53-54*			
	(A) Chromed, *53*	170	640	___
	(B) Silver-painted, *54*	165	580	___
479	Silver Flash PA, *55*	80	310	___
480	Silver Flash PB, *55**		1050	___
481	Silver Flash PA, *56*	115	335	___
484/485/486	Santa Fe PA/PB/PA, *56-57*	215	770	___
490/491/493	Northern Pacific PA/PB/PA, *56**	340	980	___
490/492	Northern Pacific PA/PA, *57*	200	720	___
494/495	New Haven PA/PA, *56*	195	780	___
497	New Haven PA, *57*	105	350	___
499	New Haven GE Electric, *56-57*	100	420	___

GILBERT PRODUCTION 1946–1966

		Good	Exc	Cond/$
500	AFL Combination Car, *52 u*			
	(A) Silver finish	140	600	___
	(B) Chrome finish	100	350	___
501	AFL Passenger Car, *52 u*			
	(A) Silver finish	150	600	___
	(B) Chrome finish	110	385	___
502	AFL Vista Dome Car, *52 u*			
	(A) Silver finish	145	610	___
	(B) Chrome finish	110	380	___
503	AFL Observation Car, *52 u*	155	660	___
520	Knuckle Coupler kit, *54-56*	1.50	6	___
521	Knuckle Coupler kit		45	___
525	Knuckle Coupler Trucks		45	___
526	Knuckle Coupler Trucks		45	___
529	Knuckle Coupler Trucks		45	___
530	Knuckle Coupler Trucks		45	___
532	Knuckle Coupler Trucks		45	___
541	Fuses, *46*		NRS	___
561	Billboard Horn, *55-56*	25	70	___
566	Whistling Billboard, *51-55*	16	60	___
568	Whistling Billboard, *56*	18	49	___
571	Truss Bridge, *55-56*	11	43	___
573	American Flyer Talking Station Record		NRS	___
577	Whistling Billboard, *46-50*			
	(A) Circus, *46-47*	21	85	___
	(B) Fox Mart, *47*		1750	___
	(C) Trains, *50*	24	49	___
578	Station Figure set, *46-52*	55	170	___
579	Single Street Lamp, *46-49*	10	55	___
580	Double Street Lamp, *46-49*	12	65	___
581	Girder Bridge, *46-56*	11	40	___
582	Blinker Signal, *46-48*	55	160	___
583	Electromatic Crane, *46-49*	65	200	___
583A	Electromatic Crane, *50-53*	65	200	___
584	Bell Danger Signal, *46-47*	220	960	___
585	Tool Shed, *46-52*	23	70	___
586F	Wayside Station, *46-56*	29	115	___
587	Block Signal, *46-47*	70	275	___
588	Semaphore Block Signal, *46-48*	650	1900	___
589	Passenger and Freight Station, *46-56*			
	(A) Green-painted roof	16	65	___
	(B) Black-painted roof	15	85	___
590	Control Tower, *55-56*	23	80	___
591	Crossing Gate, *46-48*	21	85	___
592	Crossing Gate, *49-50*	24	75	___
592A	Crossing Gate, *51-53*	27	85	___
593	Signal Tower, *46-54*	36	95	___
594	Animated Track Gang, *46-47**	570	2250	___
596	Operating Water Tank, *46-56*	35	70	___
598	Talking Station Record, *46-56*	10	21	___
599	Talking Station Record, *56*	11	35	___
600	Crossing Gate w/ bell, *54-56*	30	105	___

GILBERT PRODUCTION 1946–1966		Good	Exc	Cond/$
605	American Flyer Lines Flatcar, *53*	10	43	___
606	American Flyer Lines Crane, *53*	15	70	___
607	AFL Work and Boom Car, *53*	9	55	___
609	American Flyer Lines Flatcar, *53*	10	49	___
612	Freight Pass. Station w/ Crane, *46-51, 53-54*	50	110	___
613	Great Northern Boxcar, *53*	21	95	___
620	Southern Gondola, *53*	22	95	___
621	1/2 Straight Track, *46-48*	0.20	0.55	___
622	1/2 Curved Track, *46-48*	0.15	0.50	___
622	GAEX Boxcar, *53**	16	85	___
623	Illinois Central Reefer, *53**	11	29	___
625	Shell Tank Car, *46-50*			
	(A) Orange tanks	370	800	___
	(B) Black tanks	10	40	___
	(C) Silver tanks	6	29	___
625	Gulf Tank Car, *51-53*	8	31	___
625G	Gulf Tank Car, *51-53 u*	9	28	___
627	C&NWRY Flatcar (mv), *46-50*	10	32	___
627	American Flyer Lines Flatcar, *50*	14	50	___
(628)	C&NWRY Flatcar, *46-53*			
	(A) Metal or plastic	8	33	___
	(B) Wood	13	65	___
629	Missouri Pacific Stock Car (mv), *46-53*	9	37	___
630	Reading Caboose (mv), *46-52*	5	15	___
630	American Flyer Caboose, *52*	9	50	___
630	American Flyer Lines Caboose, *53*	8	34	___
631	Texas & Pacific Gondola, *46-53*			
	(A) Green unpainted	8	17	___
	(B) Dark gray unpainted, *48 u*	70	330	___
	(C) Red-painted, *52 u*	27	170	___
	(D) Green-painted, *46-52*	4	23	___
(632)	Virginian Hopper, *46*	32	115	___
632	Lehigh New England Hopper, *46-53*			
	(A) Gray-painted, die-cast, *46*	30	125	___
	(B) Black plastic, *46*	8	30	___
	(C) Gray plastic	4	17	___
	(D) White plastic	33	135	___
	(E) Painted body	9	33	___
633	Baltimore & Ohio Boxcars (mv), *46-52*	10	25	___
633	Baltimore & Ohio Reefers (mv), *46-52*			
	(A) Red, *52 u*	39	175	___
	(B) Tuscan, *52 u*	45	185	___
633F	G. Fox & Co. Boxcar, *47 u**	990	2450	___
634	C&NWRY Floodlight (mv), *46-49, 53*	11	39	___
635	C&NWRY Crane, *46-48*	15	70	___
(635)	C&NWRY Crane, *48-49*			
	(A) Yellow cab	11	45	___
	(B) Red cab	95	370	___
	(C) Black roof		NRS	___
636	Erie Flatcar, *48-53*			
	(A) Die-cast metal frame	13	43	___
	(B) Pressed-wood frame, *53 u*	65	325	___

GILBERT PRODUCTION 1946–1966

		Good	Exc	Cond/$
637	MKT Boxcar (mv), 49-53*	8	34	___
638	American Flyer Caboose (mv), 49-52	4	10	___
638	American Flyer Lines Caboose, 53	5	16	___
639	American Flyer Boxcars (mv), 49-52			
	(A) Yellow body	7	18	___
	(B) Tuscan body	16	85	___
639	American Flyer Reefers (mv), 51-52			
	(A) Yellow body	6	17	___
	(B) Unpainted cream plastic body	47	195	___
640	American Flyer Hopper, 49-53			
	(A) White lettering	4	13	___
	(B) Black lettering	4	20	___
	(C) White plastic body w/ black lettering	14	65	___
640	Wabash Hopper, 53	9	32	___
641	American Flyer Gondola, 49-52			
	(A) Red-painted or unpainted plastic	10	22	___
	(B) Gray unpainted, 51 u	50	275	___
641	Frisco Gondola, 53	11	30	___
642	American Flyer Boxcars, 51-52	10	22	___
642	American Flyer Reefers, 52 u	7	22	___
642	Seaboard Boxcar, 53	11	35	___
(643)	American Flyer Circus Flatcar, 50-53*			
	(A) Yellow, metal	75	270	___
	(B) Yellow, wood	90	385	___
	(C) Red, metal	120	475	___
644	American Flyer Crane, 50-53			
	(A) Red cab, black boom, 50	35	125	___
	(B) Red cab, green boom, 50	22	85	___
	(C) Tuscan-painted cab, green boom, 50-51	27	95	___
	(D) Black cab, boom	20	75	___
645	AF Work and Boom Car, 50	16	50	___
645A	AFL Work and Boom Car, 51-53	16	44	___
(646)	Erie Floodlight, 50-53			
	(A) Green-painted die-cast generator, 50	47	245	___
	(B) Other variations	15	45	___
647	Northern Pacific Reefer, 52-53	13	50	___
648	American Flyer Flatcar, 52-54	10	33	___
(649)	AF Circus Passenger Car (mv), 50-52	44	120	___
650	New Haven Pullman Car (mv), 46-53			
	(A) Red or green w/ plastic frame	21	90	___
	(B) Red or green w/ die-cast frame	22	55	___
	(C) Red or green w/ sheet metal frame	15	49	___
651	New Haven Baggage Car (mv), 46-53			
	(A) Red or green w/ plastic frame	12	55	___
	(B) Red or green w/ die-cast frame	12	49	___
	(C) Red or green w/ sheet metal frame	11	49	___
652	Pullman (mv), 46-53			
	(A) Red, tuscan, or green, short trucks	41	170	___
	(B) Red or green, long trucks	65	255	___
	(C) Red, tuscan, or green, "Pikes Peak"	48	190	___

GILBERT PRODUCTION 1946–1966   Good   Exc   Cond/$

		Good	Exc	Cond/$
653	Pullman (mv), *46-53*			
	(A) Red or green, long trucks	65	225	___
	(B) Red, tuscan, or green, short trucks	40	135	___
654	Pullman Observation Car (mv), *46-53*			
	(A) Red or green, long trucks	60	225	___
	(B) Red, tuscan, or green, short trucks	41	155	___
655	Silver Bullet Passenger Car, *53*			
	(A) Chrome	25	120	___
	(B) Satin aluminum	20	100	___
655	AFL Passenger Car, *53*			
	(A) Tuscan	22	75	___
	(B) Green	22	75	___
660	AFL Combination Car, *50-52*			
	(A) Extruded aluminum shell	18	75	___
	(B) Chrome-finished, plastic shell	27	110	___
	(C) Satin silver		NRS	___
661	AFL Passenger Car, *50-52*			
	(A) Extruded aluminum shell	42	105	___
	(B) Chrome-finished, plastic shell	44	115	___
	(C) Satin silver		NRS	___
662	AFL Vista Dome Car, *50-52*			
	(A) Extruded aluminum shell	22	75	___
	(B) Chrome-finished, plastic shell	30	100	___
663	AFL Observation Car, *50-52*	22	90	___
668	Manual Switch, LH, *53-55*	5	9	___
669	Manual Switch, RH, *53-55*	5	9	___
670	Track Trip, *55-56*	2	17	___
678	RC Switch, LH, *53-56*	7	17	___
679	RC Switch, RH, *53-56*	6	16	___
680	Curved Track, *46-48*	0.20	0.40	___
681	Straight Track, *46-48*	0.25	0.50	___
688	RC Switches, pair, *46-48*	20	50	___
690	Track Terminal, *46-56*	0.50	1	___
691	Steel Pins, *46-48*	0.45	0.90	___
692	Fiber Pins, *46-48*	0.25	0.75	___
693	Track Locks, *48-56*	0.05	0.15	___
694	Coupler, Truck, Wheels, Axles, *46-53*	2.50	9	___
695	Track Trip, *46*	6	13	___
695	Reverse Loop Relay, *55-56*	26	80	___
696	Track Trip, *55-57*			
	(A) Plastic shoe	10	20	___
	(B) Die-cast shoe	10	30	___
697	Track Trip, *50-54*	4	14	___
698	Reverse Loop Kit, *49-50, 52-54*	17	75	___
700	Straight Track, *46-56*	0.50	1	___
701	½ Straight Track, *46-56*	0.25	0.90	___
702	Curved Track, *46-56*	0.15	0.40	___
703	½ Curved Track, *46-56*	0.10	0.25	___
704	Manual Uncoupler, *52-56*	0.35	0.60	___
705	RC Uncoupler, *46-47*	1	6	___
706	RC Uncoupler, *48-56*	0.60	3	___
707	Track Terminal, *46-59*	0.15	0.80	___

GILBERT PRODUCTION 1946–1966

		Good	Exc	Cond/$
708	Air Chime Whistle Control, *51-56*	3	11	___
709	Lockout Eliminator, *50-55*	2	8	___
710	Steam Whistle Control, *55-56*	8	50	___
710	Automatic Track Section, *46-47*	0.55	1.50	___
711	Mail Pickup, *46-47*	9	19	___
712	Special Rail Section, *47-56*	0.50	1	___
713	Special Rail Section w/ mail bag hook, *47-56*	8	26	___
714	Log Unloading Car Flatcar, *51-54*	16	80	___
715	American Flyer Lines Flatcar (mv), *46-54*			
	(A) Armored car	24	125	___
	(B) Manoil Coupe	20	75	___
	(C) Racer		75	___
716	American Flyer Lines Hopper, *46-51*			
	(A) 46	6	35	___
	(B) 47-51	6	26	___
717	American Flyer Lines Flatcar, *46-52*	15	65	___
718	New Haven Mail Pickup (mv), *46-54*			
	(A) Red or green	31	115	___
	(B) Red pickup arm	155	435	___
	(C) Tuscan		NRS	___
719	CB&Q Hopper Dump Car, *50-54*			
	(A) Tuscan-painted	25	90	___
	(B) Red plastic	30	115	___
720	RC Switches, *46-49*	19	50	___
720A	RC Switches, *50-56*	23	49	___
722	Manual Switches, *46-51*	9	19	___
722A	Manual Switches, *52-56*	9	18	___
725	Crossing, *46-56*	3	8	___
726	Straight Rubber Roadbed, *50-56*	0.55	2.50	___
727	Curved Rubber Roadbed, *50-56*	0.45	2	___
728	Re-railer, *56*	3	19	___
730	Bumper, *46-56*			
	(A) Green plastic	11	27	___
	(B) Red, *51*	35	135	___
	(C) Green-painted	23	85	___
731	Pike Planning Kit, *52-56*	10	39	___
732	AF Operating Baggage Car, *51-54*			
	(A) Unpainted red or green plastic body	29	95	___
	(B) Green-painted plastic body	34	110	___
734	American Flyer Operating Boxcar, *50-54*	23	75	___
735	NH Animated Station Coach, *52-54*	32	100	___
736	Missouri Pacific Stock Car, *50-54*	10	38	___
(740)	American Flyer Lines Motorized Handcar, *52-54*			
	(A) No decals, no vent holes, *52*	33	125	___
	(B) w/ shield decal	17	95	___
741	AFL Handcar and Shed, motorized unit, *53-54*	75	215	___
(742)	AFL Motorized Handcar, *55-56*	41	145	___
743	See (23)743			
747	Cardboard Trestle Set, *u*	7	23	___
748	Overhead Foot Bridge, *51-52*			
	(A) Gray/aluminum	10	33	___
	(B) Bluish-silver	28	55	___

	GILBERT PRODUCTION 1946–1966	Good	Exc	Cond/$
748	Girder, Trestle, Tower Bridge, *58 u*	22	50	___
749	Streetlamp set, *50-52*	7	29	___
750	Trestle Bridge, *46-56*	16	75	___
751	Log Loader, *46-50*	42	195	___
751A	Log Loader, *52-53*	47	220	___
752	Seaboard Coaler, *46-50*	110	325	___
752A	Seaboard Coaler, *51-52*	135	325	___
753	Single Trestle Bridge, *52*	16	70	___
753	Mountain, Tunnel, Pass Set, *60 u*	17	39	___
754	Double Trestle Bridge, *50-52*	44	125	___
755	Talking Station, *48-50*			
	(A) Green roof	50	105	___
	(B) Blue roof	85	155	___
758	Sam the Semaphore Man, *49*	29	110	___
758A	Sam the Semaphore Man, *50-56*	34	120	___
759	Bell Danger Signal (mv), *53-56*	22	85	___
760	Highway Flasher, *49-56*	9	45	___
761	Semaphore, *49-56*	22	70	___
762	Two in One Whistle, *49-50*	35	115	___
763	Mountain set, *49-50*	46	185	___
764	Express Office, *50-51*	47	155	___
766	Animated Station, *52-54*	55	210	___
K766	Animated Station, *53-55*	55	205	___
767	Roadside Diner, *50-54*	40	125	___
768	Oil Supply Depot, *50-53*			
	(A) "Shell"	40	125	___
	(B) "Gulf"	55	170	___
769	Aircraft Beacon, *50*	16	65	___
769A	Aircraft Beacon, *51-56*	18	65	___
770	Loading Platform, *50-52*	31	90	___
770	Girder Trestle Set, *60 u*	4	18	___
771	Operating Stockyard, *50-54*	41	125	___
K771	Stockyard and Car, *53-56*	50	155	___
772	Water Tower, *50-56*			
	(A) Small tank	30	80	___
	(B) Checkerboard, metal shack	37	130	___
	(C) Checkerboard, plastic shack	55	180	___
773	Oil Derrick, *50-52*			
	(A) "American Flyer," *50*	48	155	___
	(B) "Gulf" logo		1500	___
774	Floodlight Tower (mv), *51-56*	16	95	___
775	Baggage Platform w/ LC Car, *53-55*	24	95	___
K775	Baggage Platform w/ KC Car, *53-55*	35	125	___
778	Street Lamp set, *53-56*	11	34	___
779	Oil Drum Loader, *55-56*	55	165	___
780	Trestle set, *53-56*	5	18	___
781	Abutment set, *53*	22	65	___
782	Abutment set, *53*	17	75	___
783	Hi-Trestle Sections, *53-56*	5	26	___
784	Hump set, *55*	75	280	___
785	Coal Loader, *55-56*	120	325	___
787	Log Loader, *55-56*	80	275	___

	GILBERT PRODUCTION 1946–1966	Good	Exc	Cond/$
788	Suburban Station, *56*	11	65	___
789	Station and Baggage Smasher, *56-57*	60	275	___
790	Trainorama, *53 u*	48	225	___
792	Terminal, *54-56*	65	215	___
793	Union Station, *55-56*	16	120	___
794	Union Station, *54*	32	145	___
795	Union Station and Terminal, *54*	110	520	___
799	Talking Station, *54-56*	35	225	___
801	Baltimore & Ohio Hopper, *56-57*	11	21	___
802	Illinois Central Reefer, *56-57**	12	27	___
803	Santa Fe Boxcar, *56-57*	17	30	___
804	Norfolk & Western Gondola, *56-57*	6	15	___
805	Pennsylvania Gondola, *56-57*	7	15	___
806	American Flyer Lines Caboose, *56-57*	9	11	___
807	Rio Grande Boxcar, *57*			
	(A) Non-opening door	19	38	___
	(B) Opening door		NRS	___
	(C) Painted		1300	___
812	See (21)812			
900	NP Combination Car, *56-57**	100	295	___
901	NP Passenger Car, *56-57**	100	295	___
902	NP Vista Dome Car, *56-57**	100	295	___
903	NP Observation Car, *56-57**	100	295	___
904	American Flyer Lines Caboose, *56*	11	25	___
905	American Flyer Lines Flatcar, *54*	11	45	___
906	American Flyer Lines Crane, *54*	16	55	___
907	AFL Work and Boom Car, *54*	13	60	___
909	American Flyer Lines Flatcar, *54*	11	55	___
910	Gilbert Chemical Tank Car, *54**	70	295	___
911	C&O Gondola, *55-57*			
	(A) Silver pipes	10	43	___
	(B) Brown plastic pipes	34	165	___
912	Koppers Tank Car, *55-57*	17	110	___
913	Great Northern Boxcar, *53-58*			
	(A) Decal	14	45	___
	(B) Stamped	14	47	___
914	American Flyer Lines Flatcar, *53-57*	17	80	___
915	American Flyer Lines Flatcar (mv), *53-57*	12	65	___
916	Delaware & Hudson Gondola, *55-56*	8	30	___
918	American Flyer Lines Mail Car, *53-58*			
	(A) "American Flyer Lines"	29	90	___
	(B) "New Haven"	35	135	___
919	CB&Q Hopper Dump Car, *53-56*	23	115	___
920	Southern Gondola, *53-56*	9	40	___
921	CB&Q Hopper, *53-56*	8	35	___
922	GAEX Boxcar, *53-57**			
	(A) Decal	15	45	___
	(B) Stamped	15	50	___
923	Illinois Central Reefer, *54-55**	13	23	___
924	CRP Hopper, *53-56*	9	31	___
925	Gulf Tank Car, *52-57*	13	25	___
926	Gulf Tank Car, *55-57*	11	55	___

GILBERT PRODUCTION 1946–1966

		Good	Exc	Cond/$
(928)	C&NWRY Flatcar, *52-54*			
	(A) Pressed-wood base	24	85	___
	(B) Die-cast base	9	28	___
928	New Haven Flatcar (Log Car), *56 u*	9	37	___
928	New Haven Flatcar (Lumber Car), *56-57*	11	32	___
929	Missouri Pacific Stock Car, *53-56*	10	38	___
930	American Flyer Caboose, *52*			
	(A) Early knuckle coupler	28	90	___
	(B) Red	15	55	___
	(C) Tuscan	9	38	___
930	American Flyer Lines Caboose, *53-57*			
	(A) Type I or II body	11	33	___
	(B) Type III body	42	150	___
931	Texas & Pacific Gondola, *52-55*	5	17	___
933	B&O Boxcar, *53-54*	19	55	___
934	American Flyer Lines Caboose, *54 u*	16	60	___
934	C&NWRY Floodlight, *53-54*	10	39	___
934	Southern Pacific Floodlight, *54 u*	14	55	___
935	AFL Bay Window Caboose, *57*	21	120	___
936	Erie Flatcar, *53-54*	12	46	___
936	Pennsylvania Flatcar, *55-57*	40	135	___
937	MKT Boxcar, *53-58**			
	(A) All yellow	10	43	___
	(B) Yellow and brown	10	38	___
938	American Flyer Lines Caboose, *54-55*	5	15	___
940	Wabash Hopper, *53-56*	7	27	___
941	Frisco Lines Gondola, *53-56*	7	23	___
942	Seaboard Boxcar, *54*	9	26	___
944	American Flyer Crane, *52-57*	22	85	___
945	AFL Work and Boom Car, *52-57*	20	80	___
(946)	Erie Floodlight (mv), *53-56*	13	47	___
947	Northern Pacific Reefer, *53-58*	12	50	___
948	AFL Flatcar, *53-56*	11	34	___
951	AFL Baggage Car (mv), *53-57*			
	(A) Red or tuscan	15	55	___
	(B) Green	18	65	___
952	AFL Pullman Car, *53-58*			
	(A) w/o silhouettes, tuscan or green	36	175	___
	(B) w/ silhouettes, tuscan	50	275	___
953	AFL Combination Car, *53-58*			
	(A) w/o silhouettes, tuscan or green	35	160	___
	(B) w/ silhouettes, tuscan	55	245	___
954	AFL Observation Car, *53-56*			
	(A) w/o silhouettes, tuscan or green	36	170	___
	(B) w/ silhouettes, tuscan	105	240	___
955	AFL Passenger Car, *54-55*			
	(A) Satin silver-painted	30	110	___
	(B) Green-painted	31	105	___
	(C) Tuscan-painted w/ silhouettes and "955"	21	105	___
	(D) Tuscan-painted w/ silhouettes and white-outlined windows	29	120	___
956	Monon Flatcar, *56*	21	95	___

GILBERT PRODUCTION 1946–1966

		Good	Exc	Cond/$
957	Erie Operating Boxcar, *57 u*	47	160	___
958	Mobilgas Tank Car, *57 u*	23	105	___
960	AFL Columbus Combination Car, *53-56*			
	(A) No color band	30	115	___
	(B) Blue, green, or red band	40	150	___
	(C) Chestnut band	75	285	___
	(D) Orange band	50	185	___
961	AFL Jefferson Pullman Car, *53-58*			
	(A) No color band	40	130	___
	(B) Blue band		NM	___
	(C) Green or red band	39	150	___
	(D) Chestnut band	95	330	___
	(E) Orange band	65	195	___
962	AFL Hamilton Vista Dome Car, *53-58*			
	(A) No color band	40	140	___
	(B) Blue, green, or red band	41	135	___
	(C) Chestnut band	90	310	___
	(D) Orange band	65	195	___
963	AFL Washington Passenger Car, *53-58*			
	(A) No color band	40	140	___
	(B) Blue, green, or red band	36	140	___
	(C) Chestnut band	85	300	___
	(D) Orange band	65	190	___
969	Rocket Launcher Flatcar, *57 u*	21	90	___
970	Seaboard Operating Boxcar, *56-57*	29	70	___
971	Southern Pacific Flatcar, *56-57*			
	(A) Tuscan-painted tuscan plastic	39	155	___
	(B) Tuscan-painted black plastic		750	___
973	Gilbert's Operating Milk Car, *56-57*	65	185	___
974	AFL Operating Boxcar, *53-54*	27	95	___
974	Erie Operating Boxcar, *55*	48	170	___
975	AFL Operating Coach, *54-55*	29	95	___
976	MoPac Operating Cattle Car, *53-62*	25	70	___
977	American Flyer Lines Caboose, *55-57*	28	80	___
978	AFL Grand Canyon Obsv. Car, *56-58*	130	490	___
979	AFL bay window Caboose, *57*	41	155	___
980	Baltimore & Ohio Boxcar, *56-57*	33	105	___
981	Central of Georgia Boxcar, *56-57*			
	(A) Shiny black paint	44	130	___
	(B) Dull black paint	60	160	___
982	BAR Boxcar, *56-57*	48	125	___
983	MoPac Boxcar, *56-57*	48	145	___
984	New Haven Boxcar, *56-57*	30	100	___
985	BM Boxcar, *57*	50	130	___
988	ART Co. Reefer, *56-57*	36	110	___
989	Northwestern Reefer, *56-58*	47	220	___
994	Union Pacific Stock Car, *57*	55	220	___
C1001	WSX Boxcar, *62 u**	345	950	___
1-1024A	Trestle set, *52 u*	10	44	___
C2001	Post Boxcar, *62 u*	13	46	___
L2001	Game Train 4-4-0, *63*	15	38	___
L2002	Burlington Route 4-4-0, *63 u*	50	265	___

GILBERT PRODUCTION 1946–1966   Good   Exc   Cond/$

		Good	Exc	Cond/$
L2004	Rio Grande EMD F-9, *62*	80	225	___
C2009	Texas & Pacific Gondola, *62-64*			
	(A) Dark green		NRS	___
	(B) Light green	6	18	___
7210	See (636), (646), 936, (946), or (24529)			
21004	PRR 0-6-0 Switcher, *57 u*	110	395	___
21005	PRR 0-6-0 Switcher, *57-58*	125	510	___
(21030)	See 307			
(21034)	See 303			
(21044)	See 313			
(21058)	See 326			
21084	CNW 4-6-2, Pacific, *57 u*	41	165	___
21085	CNW or CMStP&P 4-6-2 Pacific, *58-65*	32	105	___
(210)88	FY&P 4-4-0 Franklin, *59-60*	49	160	___
(21089)	FY&PRR 4-4-0 Wash., *60-61*	65	290	___
21095	NYNH&H 4-6-2 Pacific, *57*		4000	___
21099	NYNH&H 4-6-2 Pacific, *58*	105	465	___
21100	Reading 4-4-2 Atlantic, *57 u*	14	39	___
21105	Reading 4-4-2 Atlantic, *57-58*	17	50	___
21106	Reading 4-4-2 Atlantic, *59 u*	60	200	___
21107	PRR or BN 4-4-2 Atlantic, *64-65 u*	10	40	___
21115	PRR 4-6-2 Pacific, *58*	215	900	___
21129	NYC 4-6-4 Hudson, *58*	235	1100	___
21130	NYC 4-6-4 Hudson, *59-60*	140	360	___
21139	UP 4-8-4 Northern, *58-59*	265	900	___
21140	UP 4-8-4 Northern, *60*	465	1400	___
21145	NKP 0-8-0 Switcher, *58*	165	710	___
21155	Steam 0-6-0 Switcher, *58*	90	420	___
21156	Steam 0-6-0 Switcher, *59*	75	280	___
21158	Steam 0-6-0 Switcher, *60 u*	41	135	___
21160	Reading 4-4-2 Atlantic, *58-60 u*	15	36	___
21161	Reading 4-4-2 Atlantic, *60 u*			
	(A) "American Flyer Lines"	11	24	___
	(B) "Prestone Car Care Express"	65	250	___
21165	Erie 4-4-0, *61-62, 65-66 u*	10	31	___
21166	Burlington Route 4-4-0, *63-64, 65-66 u*			
	(A) White letters	10	23	___
	(B) Black letters	70	215	___
21168	Southern 4-4-0, *61-63*	26	85	___
21205/21205-1	BM twin EMD F-9s, *61, 62 u*			
	(A) Twin A units	110	295	___
	(B) Single unit	75	205	___
21206/21206-1	SF twin EMD F-9s, *62 u*	105	320	___
21207/21207-1	GN twin EMD F-9s, *63-64*	100	365	___
21210	Burlington EMD F-9, *61*	65	250	___
21215/21215-1	UP EMD F-9, *61-62*	95	305	___
21215/21216	UP twin EMD F-9s, *61*		NRS	___
(21)234	Chesapeake & Ohio GP-7, *59-61*			
	(A) Long steps	140	540	___
	(B) Short steps	165	630	___

GILBERT PRODUCTION 1946–1966		Good	Exc	Cond/$
21551	Northern Pacific PA, *58*			
	(A) Plastic steps	135	370	___
	(B) Sheet-metal steps	135	410	___
(21552/21556)	See 490/492			
(21560)	See 497			
21561	New Haven PA, *57-58*			
	(A) Plastic steps	125	355	___
	(B) One-rivet metal steps	125	380	___
(21570)	See 499			
(21571)	See 499			
21573	New Haven GE Electric, *58-59*	145	465	___
21720	Santa Fe PB, *58 u*	275	1000	___
(21800)	See 355			
21801	CNW Baldwin, *57-58*			
	(A) Unpainted	42	160	___
	(B) Painted	70	235	___
21801-1	CNW Baldwin, *58 u*			
	(A) Unpainted	70	215	___
	(B) Painted	85	290	___
21808	CNW Baldwin, *58 u*	50	155	___
(21)812	Texas & Pacific Baldwin, *59-60*	70	190	___
21813	M&StL Baldwin, *58 u, 60 u*	190	590	___
(21820)	See 372			
(21821)	See 372			
21831	Texas & Pacific GP-7, *58*			
	(A) "American Flyer Lines"	150	430	___
	(B) "Texas & Pacific"	185	660	___
21910/21910-1/21910-2 SF PA/PB/PA, *57-58*		370	1050	___
21918/21918-1 Seaboard Baldwin, *58*		320	830	___
21920	MP, PA, *63-64*	185	740	___
21920/21920-1 MP, PA/PA, *58**		340	900	___
21922/21922-1 MP, PA/PA, *59-60*		275	1000	___
21925/21925-1 UP, PA/PA, *59-60**		235	1050	___
21927	Santa Fe PA, *60-62*	110	255	___
22004	40-watt Transformer, *59-64*	2	10	___
22006	25-watt Transformer, *63*	2	9	___
22020	50-watt Transformer, *57-64*	1.50	5	___
22030	100-watt Transformer, *57-64*	4	18	___
22033	25-watt Transformer, *65*	1.50	5	___
22034	110-watt Transformer, *65*	4	12	___
22035	175-watt Transformer, *57-64*	16	70	___
22040	110-watt Transformer, *57-58*	5	18	___
22050	175-watt Transformer, *57-58*	12	39	___
22060	175-watt Transformer, *57-58*	12	39	___
22080	300-watt Transformer, *57-58*	34	165	___
22090	350-watt Transformer, *59-64*	50	170	___
23021	Imitation Grass, *57-59*	6	22	___
23022	Scenery Gravel, *57-59*	6	22	___
23023	Imitation Coal, *57-59*	5	15	___
23024	Rainbow Wire, *57-64*	4	10	___
23025	Smoke Cartridges, *57-59*	4	15	___
23026	Service Kit, *59-64*	6	24	___

GILBERT PRODUCTION 1946–1966

		Good	Exc	Cond/$
23027	Track Cleaning Fluid, *57-59*	1.50	4	___
23028	Smoke Fluid Dispenser, *60-64*	1.50	5	___
23032	Equipment Kit, *60-61*	33	95	___
23036	Money Saver Kit, *60, 62, 64*	32	105	___
23040	Mountain, Tunnel, and Pass set, *58*		NRS	___
23249	Tunnel, *57-64*	9	42	___
23320	AF Traffic Master, *60*		NM	___
23561	Billboard Horn, *57-59*	10	50	___
23568	Whistling Billboard, *57-64*	11	55	___
23571	Truss Bridge, *57-64*	7	30	___
23581	Girder Bridge, *57-64*	8	35	___
23586	Wayside Station, *57-59*	25	105	___
23589	Passenger and Freight Station, *59 u*	15	55	___
23590	Control Tower, *57-59*	20	75	___
23596	Water Tank, *57-58*	25	100	___
23598	Talking Station Record, *57-59*	5	19	___
23599	Talking Station Record, *57*	9	36	___
23600	Crossing Gate w/ bell, *57-58*	13	85	___
23601	Crossing Gate, *59-62*	13	70	___
23602	Crossing Gate, *63-64*	13	70	___
(23)743	Track Maintenance Car		NRS	___
23743	Track Maintenance Car, *60-64*	90	175	___
23750	Trestle Bridge, *57-61*	26	75	___
23758	Sam the Semaphore Man, *57*	29	90	___
23759	Bell Danger Signal, *56-60*	12	65	___
23760	Highway Flasher, *57-60*	9	44	___
23761	Semaphore, *57-60*	22	75	___
23763	Bell Danger Signal, *61-64*	11	55	___
23764	Flasher Signal, *61-64*	12	33	___
23769	Aircraft Beacon, *57-64*	13	75	___
23771	Stockyard and Car, *57-61*	29	120	___
23772	Water Tower, *57-64*	20	150	___
23774	Floodlight Tower, *57-64*	16	65	___
23778	Street Lamp set, *57-64*	8	39	___
23779	Oil Drum Loader, *57-61*	55	170	___
23780	Gabe the Lamplighter, *58-59*			
	(B) Metal Shed,	305	980	___
	(A) Plastic shed,		NM	___
	(C) Emerald Green,	900	1600	___
23785	Coal Loader, *57-60*	130	340	___
23786	Talking Station, *57-59*	60	160	___
23787	Log Loader, *57-60*	80	275	___
23788	Suburban Station, *57-64*	10	65	___
23789	Station and Baggage Smasher, *58-59*	55	220	___
23791	Cow-on-Track, *57-59*	26	115	___
23796	Sawmill, *57-64*	90	295	___
23830	Piggyback Unloader, *59-60*	37	150	___
24003	Santa Fe Boxcar, *58*			
	(A) Unpainted	14	47	___
	(B) Painted		NRS	___
24006	Great Northern Boxcar, *57-58*		NRS	___
24016	MKT Boxcar, *58*	225	990	___

27

GILBERT PRODUCTION 1946–1966

		Good	Exc	Cond/$
24019	Seaboard Boxcar, *58 u*	18	48	___
(24022)	See 980			
24023	Baltimore & Ohio Boxcar, *58-59*	34	165	___
(24025)	See 981			
24026	Central of Georgia Boxcar, *58*	32	170	___
24029	BAR Boxcar, *57-60*	36	150	___
24030	MKT Boxcar, *60 u*			
	(A) Unpainted yellow plastic	10	33	___
	(B) Yellow-painted plastic		120	___
24033	Missouri Pacific Boxcar, *58*	50	150	___
24035	See 984			
24036	New Haven Boxcar, *58-60*	24	90	___
24039	Rio Grande Boxcar, *59*	9	45	___
24042	See 985			
24043	Boston & Maine Boxcar, *58-60*	33	130	___
24045	MEC Boxcar		NRS	___
24047	Great Northern Boxcar, *59*	49	250	___
24048	M&StL Boxcar, *59-62*	45	145	___
24052	UFGE Boxcar, *61*	11	26	___
24054	Santa Fe Boxcar, *62-64, 66*			
	(A) Red-painted plastic, *62-64*	20	60	___
	(B) Red unpainted plastic, *66*	9	48	___
(240)55	The Gold Belt Line Boxcar, *60-61*			
	(A) Opening w/ door	14	55	___
	(B) Opening w/o door	14	46	___
24056	Boston & Maine Boxcar, *61*			
	(A) Blue-painted black plastic	70	325	___
	(B) Unpainted blue plastic	27	135	___
24057	Mounds Boxcar, *62*			
	(A) White	5	19	___
	(B) Ivory	9	32	___
24058	Post Boxcar, *63-64*			
	(A) "Cereal"	8	20	___
	(B) "Cereals"	11	31	___
24059	Boston & Maine Boxcar, *63*	48	190	___
24060	M&StL Boxcar, *63-64*	39	150	___
24065	NYC Boxcar, *60-64*			
	(A) Knuckle couplers	41	120	___
	(B) Pike Master couplers	30	90	___
24066	L&N Boxcar, *60*			
	(A) Black plastic body	75	200	___
	(B) White plastic body	90	210	___
(24067)	Keystone Line Boxcar, *60 u* *	1350	2250	___
24068	Planters Peanuts Boxcar, *61 u* *		NRS	___
(24072)	See 929			
(24075)	See 994			
24076	Union Pacific Stock Car (mv), *57-60*			
	(A) Knuckle couplers	26	85	___
	(B) Pike Master couplers	20	65	___
24077	Northern Pacific Stock Car, *59-62*			
	(A) Knuckle couplers	85	230	___
	(B) Pike Master couplers	60	215	___

GILBERT PRODUCTION 1946–1966

		Good	Exc	Cond/S
24103	Norfolk & Western Gondola, *58, 63-64*			
	(A) Black plastic	7	29	___
	(B) Brown plastic		NRS	___
24106	Pennsylvania Gondola, *60 u*			
	(A) Unpainted	7	21	___
	(B) Painted	22	85	___
(24108)	See 911			
24109	C&O Gondola, *57-60*			
	(A) Silver plastic or cardboard pipes	18	70	___
	(B) Brown plastic pipes	33	120	___
	(C) Orange cardboard pipes	24	75	___
24110	Pennsylvania Gondola, *59 u*	5	15	___
(24112)	See 916			
24113	Delaware & Hudson Gondola, *57-59*	12	48	___
(24115)	See 920			
24116	Southern Gondola, *57-60*	12	65	___
24120	Texas & Pacific Gondola, *60*	14	75	___
(24122)	See 941			
24124	Boston & Maine Gondola, *63-64*			
	(A) Unpainted blue	5	19	___
	(B) Dark blue-painted	39	170	___
24125	Bethlehem Steel Gondola, *60-64*			
	(A) Gray-painted	22	85	___
	(B) Unpainted gray	9	19	___
24126	Frisco Gondola, *61*	33	115	___
24127	Monon Gondola, *61-65*			
	(A) Knuckle couplers	5	15	___
	(B) Pike Master couplers	4	15	___
(24130)	Pennsylvania Gondola, *60 u*			
	(A) Pike Master couplers	9	23	___
	(B) Fixed or Operating knuckles	4	16	___
24203	Baltimore & Ohio Hopper, *58, 63-64*			
	(A) Unpainted, *58*	11	39	___
	(B) Black-painted, *58*		NRS	___
	(C) PM trucks and couplers, *63-64*	15	55	___
(24205)	See 921			
24206	CB&Q Hopper, *58*	32	125	___
(24208)	See 924			
24209	CRP Hopper, *57-60*	27	95	___
24213	Wabash Hopper, *58-60*	13	47	___
24216	Union Pacific Hopper, *58-60*	22	90	___
24219	Western Maryland Hopper, *58-59*	31	145	___
24221	C&EI Hopper, *59-60*	35	160	___
24222	Domino Sugars Hopper, *63-64**	150	490	___
24225	Santa Fe Hopper, *60-65*	10	50	___
24230	Peabody Hopper, *61-64*			
	(A) Knuckle couplers	21	65	___
	(B) Pike Master couplers	21	55	___
(24305)	See 912			
24309	Gulf Tank Car, *57-58*	4	29	___
24310	Gulf Tank Car, *58-60*	5	22	___
(24312)	See 926			

GILBERT PRODUCTION 1946–1966

		Good	Exc	Cond/$
24313	Gulf Tank Car, *57-60*	21	85	___
(24315)	See 958, *N/A*			
24316	Mobilgas Tank Car, *57-61, 65-66*			
	(A) Knuckle couplers	14	50	___
	(B) Pike Master couplers	4	26	___
24319	PRR Salt Tank Car, *58**	155	650	___
24320	Deep Rock Tank Car, *60*	125	560	___
24321	Deep Rock Tank Car, *59*	18	100	___
24322	Gulf Tank Car, *59*	15	75	___
24323	Baker's Chocolate Tank Car, *59-60**			
	(A) Type II frame white w/ white ends	445	1700	___
	(B) Type II frame white w/ gray-painted ends	90	380	___
	(C) Type III frame white w/ open-bottom tank		NRS	___
24324	Hooker Tank Car, *59-60*	31	145	___
24325	Gulf Tank Car, *60*			
	(A) Type II plastic frame	6	20	___
	(B) Type III plastic frame	15	70	___
24328	Shell Tank Car, *62-66*	7	21	___
24329	Hooker Tank Car, *61, 63-66*	10	27	___
(24329)	Hooker Tank Car, *65-66 u*	9	41	___
24330	Baker's Chocolate Tank Car, *61-62*	27	100	___
24403	Illinois Central Reefer, *u**			
	(A) Unpainted	13	30	___
	(B) Orange-painted		305	___
24409	Northern Pacific Reefer, *58*	355	1100	___
24413	ART Co. Reefer, *57-60*	38	135	___
24416	NW Reefer, *58*	680	1850	___
24419	Canadian National Reefer, *58-59*	95	390	___
(24420)	Simmons Reefer, *58* u*	660	920	___
24422	Great Northern Boxcars, *63-65, 66 u*	50	160	___
24422	Great Northern Reefers, *63-65, 66 u*			
	(A) Unpainted green plastic, non-opening door	12	30	___
	(B) Green-painted plastic, opening door	65	205	___
	(C) Green-painted plastic, non-opening door	60	195	___
24425	BAR Reefer, *60*	175	670	___
24426	Rath Packing Co. Reefer, *60-61*	170	700	___
24515	See 928,			
24516	New Haven Flatcar, *57-59*	12	42	___
(24518)	See 936 Pennsylvania			
24519	Pennsylvania Flatcar, *58*	230	950	___
(24522)	See 944			
(24525)	See 945			
(24529)	Erie Floodlight, *57-58*	10	65	___
24533	American Flyer Lines Flatcar, *58-66*	9	41	___
(24535)	See 956			
24536	Monon Flatcar, *58*	385	980	___
24537	New Haven Flatcar, *58 u*	10	49	___
24539	New Haven Flatcar, *58-59, 63-64*			
	(A) Silver plastic or cardboard pipes, *58-59*	12	43	___
	(B) Orange cardboard pipes, *63-64*	17	65	___
24540	New Haven Flatcar, *60 u*	47	220	___
24543	American Flyer Lines Crane, *58*	11	48	___

GILBERT PRODUCTION 1946–1966		Good	Exc	Cond/$
24546	AFL Work and Boom Car, *58-64*	10	44	___
24547	Erie Floodlight, *58*	245	800	___
24549	Erie Floodlight, *58-66*			
	(A) Yellow generator, knuckle couplers	15	44	___
	(B) Red generator	12	34	___
	(C) Yellow generator, PM couplers	8	27	___
24550	Monon Flatcar, *59-64*	23	95	___
24553	Rocket Transport Flatcar, *58-60*	22	105	___
24556	Rock Island Flatcar, *59*	22	115	___
24557	US Navy Flatcar, *59-61*	29	120	___
24558	Canadian Pacific Flatcar, *59-60*	75	370	___
24559	New Haven Flatcar, *59 u*	75	320	___
24561	American Flyer Lines Crane, *59-61*			
	(A) Gray-painted frame, knuckle couplers, *59*	10	46	___
	(B) Gray unpainted frame, Pike Master, *60-61*	8	29	___
24562	New York Central Flatcar, *60*	14	47	___
(24564)	New Haven Flatcar, *60 u*	9	39	___
(245)65	FY&PRR Flatcar, *60-61* *	38	160	___
24566	New Haven Flatcar, *61-64*			
	(A) Black unpainted body	27	95	___
	(B) Gray unpainted body, *61*	300	980	___
24566	National Car Co. Flatcar, *61-65*	26	80	___
24569	AFL Crane, *62-66*	11	28	___
24572	U.S. Navy Flatcar, *61*	38	155	___
24574	U.S Air Force Flatcar, *60-61*			
	(A) Knuckle couplers	40	200	___
	(B) Pike Master couplers	39	170	___
24575	National Car Co. Flatcar, *60-66*	17	70	___
(24575)	Unmarked Borden's Milk Flatcar, *66 u*	9	45	___
24577	Illinois Central Flatcar, *60-61, 63-64*			
	(A) Pike Master couplers	42	170	___
	(B) Knuckle couplers	45	150	___
24578	New Haven Flatcar with Corvette, *62-63*	90	325	___
24579	Illinois Central Flatcar, *60-61*	45	210	___
24603	AFL Caboose, *57-58*	5	13	___
(24608)	See 930			
24610	AFL Caboose, *56-60 u*	5	11	___
(24618)	See 935			
24619	AFL Bay Window Caboose, *58*	20	120	___
24626	AFL Caboose, *58*	9	30	___
24627	AFL Caboose, *59-60*	4	11	___
24630	AFL Caboose, *56-61 u*	4	16	___
24631	American Flyer Lines Caboose, *59-61, 63-65*	8	39	___
24632	American Flyer Lines Caboose, *59*	28	90	___
24633	AFL Bay Window Caboose, *59-62*	19	110	___
24634	AFL Bay Window Caboose, *63-66*	20	70	___
24636	American Flyer Lines Caboose, *61-66*			
	(A) Red	6	15	___
	(B) Yellow-painted	150	600	___
	(C) Red-painted		480	___
24638	AFL Bay Window Caboose, *62*	27	105	___
(24702)	See 901			

31

GILBERT PRODUCTION 1946–1966

		Good	Exc	Cond/$
(24705)	See 900			
(24708)	See 902			
(24712)	See 903			
(247)20	FY&PRR Coach, *59-61*			
	(A) Unpainted yellow	18	60	___
	(B) Yellow-painted	29	95	___
(247)30	FY&PRR Overland Exp. Baggage Car, *59-60*			
	(A) Unpainted yellow	20	55	___
	(B) Yellow-painted	29	90	___
24733	AFL Pikes Peak Coach, *57*	145	530	___
24739	AFL Niagara Falls Combination, *57*		NRS	___
(247)40	Baggage Express Combination, *60*	18	60	___
(247)50	FY&PRR Combination, *60-61*	50	180	___
(24772)	See 960			
(24773)	AFL Columbus Combination Car, *57-58, 60-62*	65	170	___
(24775)	See 960			
24776	AFL Columbus Combination Car, *59*	60	190	___
(24792)	See 961			
24793	AFL Jefferson Passenger Car, *57-58, 60-62*	70	235	___
24794	AFL Jefferson Passenger Car, *59*		2000	___
(24795)	See 961			
24796	AFL Jefferson Pullman Car, *59*	60	190	___
(24812)	See 962			
24813	AFL Hamilton Vista Dome Car, *57-58, 60-62*	60	190	___
24816	AFL Hamilton Vista Dome Car, *59*	60	190	___
(24832)	See 963			
24833	AFL Washington Obsrv. Car, *57-58, 60-62*	60	180	___
(24835)	See 963			
24836	AFL Washington Observation Car, *59*	60	170	___
24837	Union Pacific Combination Car, *59-60**	85	295	___
24838	Union Pacific Passenger Car, *59-60**	90	405	___
24839	Union Pacific Vista Dome Car, *59-60**	95	390	___
24840	Union Pacific Observation Car, *59-60**	95	380	___
24843	Northern Pacific Combination Car, *58*	90	295	___
24846	Northern Pacific Passenger Car, *58*	90	305	___
24849	Northern Pacific Vista Dome Car, *58*	90	305	___
24853	Northern Pacific Observation Car, *58*	90	295	___
24856	MoPac Eagle Hill Comb. Car, *58, 63-64**	125	440	___
24859	MoPac Eagle Lake Pass. Car, *58, 63-64**	130	530	___
24863	MoPac Eagle Creek Pass. Car, *58, 63-64**	120	560	___
24866	MoPac Eagle Valley Observ. Car, *58, 63-64**	120	500	___
24867	AFL Combination Car, *58 u, 60 u*	46	190	___
24868	AFL Observation Car, *58 u, 60 u*	50	200	___
24869	AFL Passenger Car, *58 u, 60 u*	50	200	___
24963	Car Assortment, *58*		NRS	___
25003	American Flyer Flatcar, *57-60*	95	440	___
25005	Mail Car, *57*		NRS	___
25006	See 918			
(25007)	See 919			
(25012)	See 970			
(25015)	See 971			
25016	Southern Pacific Flatcar, *57-60*	44	165	___

	GILBERT PRODUCTION 1946–1966	Good	Exc	Cond/$
25018	See 973			
25019	Operating Milk Car, *57-60*	65	240	___
25025	CB&Q Dump Car, *58-60*	80	290	___
25031	AFL Caboose, *58*		NRS	___
(25032)	See 915			
(25033)	See 915			
(25035)	See 979			
25036	See 979			
(25039)	See 978			
25042	Erie Operating Boxcar, *58*	70	240	___
(25044)	See 969,			
25045	Rocket Launcher Flatcar, *57-60*	16	80	___
25046	Rocket Launcher Flatcar, *60*	14	85	___
25049	Rio Grande Boxcar, *58-60*	85	310	___
25052	AFL Bay Window Caboose, *58*	49	210	___
(25056)	USM and Rocket Launcher set Operating Boxcar and Flatcar, *59*	125	495	___
25057	TNT Exploding Boxcar, *60*	70	285	___
25058	Southern Pacific Flatcar, *61-64*	48	180	___
25059	Rocket Launcher Flatcar, *60-64*	21	90	___
25060	CB&Q Hopper Dump Car, *61-64*	80	340	___
25061	TNT Exploding Boxcar, *61*	95	350	___
25062	Mine Carrier Exploding Boxcar, *62-64*	125	460	___
25071	AF Tie Car Flatcar, *61-64*	7	35	___
25081	NYC Operating Boxcar, *61-64*	15	55	___
25082	New Haven Operating Boxcar, *61-64*	11	55	___
25515	USAF Flatcar, *60-63*	55	250	___
26101	Curved Track Panel, *65-66*	2.50	15	___
26121	Straight Track Panel, *65-66*	4	15	___
26122	Straight Panel w/ whistle, *65-66*	6	35	___
26141	Right Switch Panel, *65-66*	7	22	___
26142	Left Switch Panel, *65-66*	7	22	___
26151	Crossover Panel, *65-66*	7	16	___
26261	Curved snow panel			
26262	Straight snow panel			
RH 26263	Snow switch			
LH 26264	Snow Switch			
26265	Crossover snow panel,			
26300	PM Straight Track, *61-64*	0.10	0.50	___
26301	PM Straight Track, *61-64*	0.10	0.45	___
26302	PM Straight Track w/ uncoupler, *61-64*	0.45	2.50	___
26310	PM Curved Track, *61-64*	0.10	0.50	___
26320	PM RH Remote Switch, *61-64*	6	11	___
26321	PM LH Remote Switch, *61-64*	7	12	___
26322	PM 90-Degree Crossing, *61-64*	0.85	3	___
26323	PM RH Manual Switch, *61-64*	1.50	5	___
26324	PM LH Manual Switch, *61-64*	1.50	5	___
26340	PM Steel Track Pins, *61-64*	0.35	0.70	___
26341	PM Insulating Pins, *61-64*	0.35	0.70	___
26342	PM Adapter Pins, *61-64*	0.30	0.55	___
26343	PM Track Locks, *61-64*	0.30	0.55	___
26344	PM Track Terminal, *61-64*	0.20	0.35	___

GILBERT PRODUCTION 1946–1966

		Good	Exc	Cond/S
26415	Track Assortment, *60, 62*		NRS	___
26419	Accessory Package, *u*	4	15	___
26425	Track Assortment Pack, *60*	6	11	___
26428	Accessory Pack, *58 u*		NRS	___
26520	Knuckle Coupler kit, *57-64*	0.85	5	___
26521	Knuckle Coupler kit, *57-58*		12	___
26601	Fiber Roadbed, *59-62*	0.15	0.75	___
26602	Fiber Roadbed, *59, 61-62*	0.15	0.75	___
26670	Track Trip, *57-58*	4	16	___
26671	Track Trip, *59*	3	10	___
26672	Track Trip, *60*	2	8	___
26673	Track Trip, *61-64*	2	7	___
26690	Track Terminal, w/ envelope, *57-59*	0.50	2	___
26691	Steel Pins, *57-60, 64*	0.45	0.90	___
26692	Fiber Pins, *57-60, 64*	0.45	0.90	___
26693	Track Locks, dz., *57-60, 64*	2	6	___
26700	Straight Track, *57-64*	0.15	0.65	___
26704	Manual uncoupler, *u*	0.45	0.90	___
26708	Horn Control, *57-58*	4	9	___
26710	Straight Track, *57-64*	0.15	0.65	___
26718	RC Switch, LH, *57*	6	13	___
26719	RC Switch, RH, *57*	6	13	___
26720	Curved Track, *57-64*	0.15	0.55	___
26722	Curved Track, dz.	6	11	___
26726	Straight Rubber Roadbed, half section, *58*	1	2	___
26727	Rubber Roadbed, half section, *58*	1	2	___
26730	Curved Track, half section, *57-64*	0.15	0.30	___
26739	Whistle Control, *57-58*	13	40	___
26742	RC Switches, pair, *57*	9	48	___
26744	Manual Switches, pair, *57-58*	4	16	___
26745	Railroad Crossing, *57-64*	1	8	___
26746	Rubber Roadbed, *57-64*	0.50	1.50	___
26747	Rubber Roadbed, *57-64*	0.50	1.50	___
26748	Re-railer, *57-64*	2.50	22	___
26749	Bumper, *57-60*	2	16	___
26751	Pike Planning Kit, *57-59*	8	24	___
26752	RC Uncoupler, *57-58, 60-61*	0.85	4	___
26756	Bumper, *61-64*	5	19	___
26760	RC Switches, pair, *58-64*	11	34	___
26761	RC Switch, LH, *58-64*	7	14	___
26762	RC Switch, RH, *58-64*	7	14	___
26770	Manual Switches, pair, *59-64*	4	14	___
26781	Trestle set, *57*	10	27	___
26782	Trestle set, *58-60*	4	18	___
26783	Hi-Trestles, *57*	8	20	___
26790	Trestle set, *61-64*	13	22	___
26810	Pow-R-Clips, *60-64*	0.20	0.40	___
27443	Lamps	0.85	3	___
27460	Lamp Assortment, *59, 64*	10	24	___
(281)88	FY&P 4-4-0 Franklin Display Unit, *59*		1250	___

LIONEL PRODUCTION
1979–2006

New Cond/$

0101	See (48712)		
390	See (48472)		
477/478	See (48126/48127)		
479	See (48129)		
480	See (48128)		
491	See (48476)		
591	See (48475)		
625	See (48405)		
0700	NASG Boxcar, *81 u*	115	___
792	See (48478)		
804-A/804-D See (48120/48121)			
893	See (48481)		
960	See (48938)		
961	See (48939)		
962	See (48942)		
963	See (48940)		
993	See (48480)		
1094	See (48485)		
1194	See (48486)		
1225	See (48016)		
1261	See (48492)		
1295	See (48494)		
1395	See (48493)		
1496	See (52094)		
1596	See (52095)		
1946-1996 See (48324)			
1990	See (48473)		
1994	See (48487)		
1995	See (48491)		
(2300)	Oil Drum Loader, *83-87*	110	___
(2321)	Operating Sawmill, *84, 86-87*	125	___
3993	See (48482)		
5600	See (48013)		
6001/6002 See (48124/48125)			
8000	See (4)8000		
8001	See (4)8001		
8002	See (4)8002		
8005	See (4)8005		
8007	See (4)8007		
8008	See (4)8008		
8009	See (4)8009		
8010	See (4)8010		
8014	See (4)8014		
8100/8101 See (4)8100/(4)8101			
8102/8103 See (4)8102/(4)8103			
8104/8105 See (4)8104/(4)8105			
8106/8107 See (4)8106/(4)8107			
8112/8113 See (4)8112/(4)8113			
8114/8115/8116 See (4)8114/(4)8115/(4)8116			

LIONEL PRODUCTION 1979–2006

		New	Cond/S
8117	See (4)8117		
8118	See (4)8118		
8119	See (4)8119		
8123	See (4)8123		
8150/8152	Southern Pacific Alco PA-1 AA set, *81*	350	___
8151	Southern Pacific Alco PA-1 B Unit, *82*	175	___
8153/8155	B&O Alco PA-1 AA set (HARR#1), *81, 83*	295	___
(8154)	B&O Alco PA-1 B Unit (HARR#1), *81, 83*	110	___
8200	See (4)8200		
8201	See (4)8201		
8251/8253	Erie Alco PA-1 AA set, *82*	250	___
8252	Erie Alco PA-1 B Unit, *82*	120	___
8308	See (4)8308		
8309	See (4)8309		
8310	See (4)8310		
8311	See (4)8311		
8312	See (4)8312		
8313	See (4)8313		
8314	See (4)8314		
8318	See (4)8318		
8319	See (4)8319		
8321	See (4)8321		
8350	Boston & Maine GP-7 (HARR#2), *83*	325	___
8403	See (4)8403		
8458	Southern GP-9 (HARR#3), *84*	215	___
8459	Chessie System GP-20, *84*	275	___
8460	See (48004)		
8505	See (4)8505		
8551	Santa Fe GP-20, *86*	205	___
8552	New York Central GP-9 (HARR#4), *86*	190	___
8553	See (48003)		
8609	See (4)8609		
8651	See 8551		
8681	See (48405)		
8706	See (4)8706		
8707	See (4)8707		
8711	See (4)8711		
8805	See (4)8805		
8806	See (4)8806		
8904	See (4)8904		
8905	See (4)8905		
8906	See (4)8906		
8907	See (4)8907		
8908	See (4)8908		
8909	See (4)8909		
8910	See (4)8910		
8911	See (4)8911		
8912	See (4)8912		
8913	See (4)8913		
8914	See (4)8914		
8915	See (4)8915		

LIONEL PRODUCTION 1979–2006   New   Cond/S

8920	See (4)8920		
8921	See (4)8921		
8922	See (4)8922		
8923	See (4)8923		
8924	See (4)8924		
8925	See (4)8925		
8933	See (4)8933		
8934	See (4)8934		
8941	See (4)8941		
9000	B&O Flatcar w/ trailers (HARR#1), *81, 83*	39	___
9001	See (4)9001		
9002	B&M Flatcar w/ logs (HARR#2), *83*	85	___
9003	See (4)9003		
9004	Southern Flatcar w/ trailers (HARR#3), *84*	37	___
9005	NYC Flatcar w/ trailers (HARR#4), *86*	33	___
9100	Gulf 1-D Tank Car, *79*	55	___
9101	Union 76 1-D Tank Car, *80*	35	___
9102	B&O 1-D Tank Car (HARR#1), *81, 83*	24	___
9104	B&M 3-D Tank Car (HARR#2), *83*	90	___
9105	Southern 3-D Tank Car (HARR#3), *84*	25	___
9106	NYC 3-D Tank Car (HARR#4), *86*	26	___
9200	Chessie System Hopper w/ coal load, *79*	44	___
9201	B&O Covered Hopper (HARR#1), *81, 83*	30	___
9203	Boston & Maine Hopper (HARR#2), *83*	70	___
9204	Southern Hopper (HARR#3), *84*	24	___
9205	Pennsylvania Covered Hopper, *84*	35	___
9206	New York Central Covered Hopper, *84*	29	___
9207	B&O Covered Hopper, *86*	25	___
9208	Santa Fe Covered Hopper, *86*	24	___
9209	New York Central Hopper (HARR#4), *86*	24	___
9300	Burlington Gondola, *80*	20	___
9301	B&O Gondola w/ canisters (HARR#1), *81, 83*	22	___
9303	Southern Gondola w/ canisters (HARR#3), *84*	24	___
9304	NYC Gondola w/ canisters (HARR#4), *86*	22	___
9400	Chessie System B/W Caboose, *80*	25	___
9401	B&O B/W Caboose (HARR#1), *81, 83*	28	___
9402	B&M B/W Caboose (HARR#2), *83*	70	___
9403	Southern B/W Caboose (HARR#3), *84*	32	___
9404	NYC B/W Caboose (HARR#4), *86*	32	___
9405	Santa Fe B/W Caboose, *86*	33	___
(9500)	Southern Pacific Combination Car, *81*	90	___
(9501)	Southern Pacific Passenger Car, *81*	130	___
(9502)	Southern Pacific Vista Dome Car, *81*	130	___
(9503)	Southern Pacific Observation Car, *81*	90	___
9504	Erie Combination Car, *82*	50	___
9505	Erie Passenger Car, *82*	80	___
9506	Erie Vista Dome Car, *82*	75	___
9507	Erie Observation Car, *82*	50	___
9700	Santa Fe Boxcar, *79*		
	(A) w/ door nibs	95	___
	(B) w/o door nibs	65	___

LIONEL PRODUCTION 1979–2006

		New	Cond/S
9701	Rock Island Boxcar, *80*	28	___
9702	Baltimore & Ohio "Sentinel" Boxcar (HARR#1), *81, 83*	42	___
9703	Boston & Maine Boxcar (HARR #2), *83*	90	___
9704	Southern Boxcar (HARR#3), *84*	35	___
9705	Pennsylvania Boxcar, *84*	55	___
9706	New York Central "Pacemaker" Boxcar, *84*	75	___
9707	Railbox Boxcar, *84*	55	___
9708	Conrail Boxcar, *84*	40	___
9709	Baltimore & Ohio Boxcar, *86*	29	___
9710	Santa Fe Boxcar, *86*	30	___
9711	Southern Pacific Boxcar, *86*	28	___
9712	Illinois Central Gulf Boxcar, *86*	31	___
9713	New York Central Boxcar (HARR#4), *86*	40	___
11492	See (48477)		
20602	See (48479)		
21503	See (48710)		
22997	Oil Drum Loader, *99*	155	___
24063	See (48489)		
24319	See (48402)		
29425	See (48316)		
29426	See (48317)		
31337	See (48498)		
(32921)	See 49807		
(4)8000	Southern Pacific GP-9 "8000" (HARR#5), *87*	190	___
(4)8001	Illinois Central Gulf GP-20 "8001," *87*	200	___
(4)8002	SP GP-9 Dummy "8002" (HARR#5), *88*	135	___
(48003)	Santa Fe GP-20 Dummy "8553,"*88*	140	___
(48004)	Chessie System GP-20 Dummy "8460," *88*	160	___
(4)8005	Pennsylvania GP-9 "8005," *89*	185	___
(4)8007	Burlington Northern GP-20 "8007," *90*	320	___
(4)8008	New Haven EP-5 "8008," *91*	200	___
(4)8009	American Flyer GM GP-7 "8009," *91*	170	___
(4)8010	Milwaukee Road EP-5 "8010," *92*	195	___
(48013)	Conrail GP-7 "5600," *95*	195	___
(4)8014	Northern Pacific GP-9 "8014," *95*	210	___
(48016)	Merry Christmas GP-20 "1225," *95*	180	___
(48017)	Nickel Plate Road GP-9 set "496/497," *97*	275	___
(48019)	SP GP-20, "4060," *98*	175	___
(48020)	Milwaukee Road GP-9, "304," *98*	200	___
(48021)	Conrail SD-40-2 decorated "6381," *98*	NM	___
(48022)	Conrail SD-40-2 undecorated, *98*	NM	___
(48023)	Santa Fe Merger GP-9 "2927," *99*	250	___
(48033)	Rock Island GP9 Road Diesel "1272," *02*	250	___
(48034)	Seaboard Baldwin Diesel Switcher "1413," *03*	225	___
(48035)	Santa Fe Baldwin Diesel Switcher "2257," *03*	225	___
(48036)	NYC 2-8-2 USRA Light Mikado "1849," *04*	500	___
(4)8100/(4)8101	Wabash Alco PA-1 AA set "8100/8101" (HARR#6), *88*	245	___
(4)8102/(4)8103	C&O Alco PA-1 AA set "8102/8103" (HARR#7), *89*	215	___

LIONEL PRODUCTION 1979–2006

New Cond/$

48038	GN EP-5 Electric "5011," *04-05*	210	___
48039	Baltimore & Ohio 0-6-0 Dockside Switcher, *05*	CP	___
48040	Santa Fe 0-6-0 Dockside Switcher, *05*	CP	___
48041	UP USRA Light Mikado Steam Locomotive "2549," w/ RailSounds, *05*	CP	___
48042	Southern USRA Light Mikado Steam Locomotive "4501," w/ RailSounds, *05*	CP	___
48043	NYC Baldwin Switcher "8100," *04*	210	___
48048	DM&IR SD-9 Diesel, *05*	220	___
48049	Southern Pacific SD-9 Diesel, *05*	220	___
(4)8104/(4)8105	American Flyer RailScope Alco PA-1 AA set "8104/8105," *89-90*	NM	___
(4)8106/(4)8107	UP Alco PA-1 AA set "8106/8107" (HARR#8), *90*	280	___
(4)8112/(4)8113	MoPac Alco PA-1 AA set "8112/8113," *91*	270	___
(4)8114/(4)8115/(4)8116	NP Alco PA-1 ABA set "8114/8115/8116," *92*	330	___
(4)8117	NP Alco PA-1 B Unit w/ RailSounds "8117," *92*	105	___
(4)8118	MoPac Alco PA-1 B Unit w/ RailSnds "8118," *92 u*	100	___
(4)8119	UP Alco PA-1 B Unit w/ RailSounds "8119" (HARR#8), *92 u*	105	___
(48120/48121)	WP Alco PA-1 AA set "804-A/804-D," *93*	225	___
(48122)	WP Alco PA-1 B Unit w/ RailSounds, *93*	115	___
(4)8123	SP Alco PA-1 B Unit w/ RailSounds "8123," *93*	125	___
(48124/48125)	D&RGW Alco PA-1 AA set "6001/6002," *94*	NM	___
(48126/48127)	Silver Flash Alco PA-1 AB set "477/478," *95*	285	___
(48128)	Silver Flash Alco PA-1 B Unit "480," *95*	95	___
(48129)	Silver Flash Alco PA-1 A Unit Dummy "479," *96*	95	___
(48130)	SF Alco PA-1/PB-1 Diesel Locomotives "51-52," *97*	275	___
(48135)	NYC Alco PA B Unit "4302," *03*	150	___
(48200)	TCA AT&SF Boxcar, *97*	95	___
48136	Santa Fe Alco PB B-Unit, *04*	125	___
48139	Pennsylvania Alco PB B-unit w/ RailSounds, *05*	135	___
(4)8200	Wabash 4-6-4 "8200" (HARR#6), *88*	100	___
(4)8201	Santa Fe 4-6-4 "8201," *88*	NM	___
(48203)	TTOS NYC Reefer, *97*	60	___
(48204)	TCA D&RGW Boxcar, *97*	70	___
(48205)	NASG Pacific Fruit Express Reefer, *97*	45	___
(48208)	TCA New England Hopper, *98*	50	___
(48209)	TTOS Cotton Belt Boxcar, *98*	70	___
(48210)	TCA New England Hopper, *98*	50	___
(48211)	NASG Magnolia Tank Car, *98*	55	___
(48212)	TTOS SP Tank Car	65	___
(48213)	TCA L&N Boxcar, *99 u*	75	___
(48214)	NASG GN Caboose, *99 u*	80	___
48215	Monsanto Hopper, *99 u*	85	___
(48217)	TTOS SP Gondola, *00*	100	___
(48218)	TTOS SP Crane Car, *00*	100	___
48219	TCA Ship It on the Frisco Boxcar, *01 u*	65	___
(48220)	NASG Deep Rock Tank Car, *00 u*	100	___
(48221)	Norfolk Southern 2-bay Hopper, TCA, *01*	60	___

LIONEL PRODUCTION 1979–2006

New Cond/S

(48222)	TTOS British Columbia Tank Car, *00*	70	___
(48223)	TCA National Toy Train Museum Tank Car	60	___
(48224)	NASG Gulf Tank Car, *01*	75	___
(48225)	TTOS San Diego Boxcar, *02 u*	NRS	___
(48226)	Toy Train Museum Flatcar w/ Wheel Load, *02 u*	65	___
(48227)	TTOS D&S Operating Hopper, *02 u*	NRS	___
(48228)	NASG Cook Paint Tank Car, *02 u*	75	___
48229	TTOS DWRG Tank Car, *03*	65	___
(48230)	Toy Train Museum Gondola w/ Pipe Load, *03 u*	60	___
48231	TTOS Linde boxcar, *03*	95	___
48235	TTOS Smokey Bear #892004, *04*	65	___
48236	TTOS BNSF Icicle Reefer, *04*	75	___
48241	TTOS LasVegas & Tonopah Boxcar, *05*	65	___
48300	Southern Pacific "Overnight" Boxcar (HARR#5), *87*	35	___
48301	D&RGW Boxcar, *87*	34	___
48302	Canadian Pacific Boxcar, *87*	33	___
48303	Chessie System Boxcar, *87*	38	___
48304	Burlington Northern Boxcar, *87*	42	___
48305	Wabash Boxcar (HARR#6), *88*	28	___
48306	Seaboard Coast Line Boxcar, *88*	30	___
48307	Western Pacific Boxcar, *88*	34	___
(4)8308	Maine Central Boxcar "8308," *90*	75	___
(4)8309	Christmas Boxcar "8309," *90 u*	75	___
(4)8310	MKT Boxcar "8310," *91*	36	___
(4)8311	Christmas Boxcar "8311," *91 u*	65	___
(4)8312	Missouri Pacific Boxcar "8312," *92*	55	___
(4)8313	BAR "State of Maine" Boxcar "8313," *92*	55	___
(4)8314	Christmas Boxcar "8314," *92 u*	50	___
(48316)	Bangor & Aroostook Reefer "29425," *93*	39	___
(48317)	Rath Packing Reefer "29426," *93*	32	___
(4)8318	A.C. Gilbert Boxcar "8318," *93*	43	___
(4)8319	Christmas Boxcar "8319," *93*	40	___
48320	NKP Boxcar, *94*	34	___
(4)8321	Christmas Boxcar "8321," *94*	37	___
(48322)	New Haven Boxcar, *95*	38	___
(48323)	Christmas Boxcar, *95*	34	___
(48324)	AF 50th Anniversary Boxcar "1946-1996," *96*	39	___
(48325)	Holiday Boxcar, *96*	35	___
(48326)	TCA B&O Boxcar, *96*	65	___
(48327)	AF Christmas Boxcar "900," *97*	44	___
(48328)	GN Boxcar "900-197," *97*	40	___
(48329)	AT&SF Boxcar "900-297," map graphic, *97*	30	___
(48330)	PRR Boxcar "900-397," *97*	38	___
(48332)	MKT Boxcar, "937," *98*	28	___
(48333)	Bangor and Aroostook Boxcar, "982," *98*	43	___
(48334)	Seaboard Boxcar, "942," *98*	30	___
(48335)	Christmas 1998 Gondola, *98*	50	___
(48340)	American Flyer 2000 Christmas car, *00*	70	___
(48341)	American Flyer 1999 Christmas car, *99*	75	___
(48342)	American Flyer Christmas Boxcar, *01*	55	___
48343	Great Northern Boxcar, *01*	50	___

LIONEL PRODUCTION 1979–2006

		New	Cond/$
(48346)	Christmas Boxcar "2002," 02	46	___
(48347)	C&O Boxcar "2701," 02	42	___
(48348)	NP Boxcar "31226," 02	47	___
(48349)	Goofy Boxcar, 03	50	___
48351	Donald Duck Boxcar, 04-05	40	___
48352	Pennsylvania Boxcar, 04-05	35	___
(48353)	2003 American Flyer Christmas Boxcar, 03-04	46	___
48354	SP Boxcar "108730," 04	41	___
48355	2004 American Flyer Christmas Boxcar, 05	36	___
48356	Pluto Boxcar, 05	40	___
48357	Winnie the Pooh Boxcar, 04-05	CP	___
48358	Santa Fe Boxcar "272197," 05	CP	___
(48362)	Pennsylvania Boxcar "47133," 03	50	___
48400	SP 3-D Tank Car (HARR #5), 87	34	___
(48402)	Penn Salt 1-D Tank Car "24319," 92	90	___
(4)8403	British Columbia 1-D Tank Car "8403," 93	95	___
48404	U.S. Army 1-D Tank Car, 94	36	___
(48405)	Shell 1-D Tank Car "625" "8681," 95	47	___
(48406)	Celanese Chemicals Tank Car, 96	35	___
(48407)	Gilbert Chemicals Tank Car, 96	37	___
(48408)	Sunoco 1-D Tank Car "625," 97	45	___
(48410)	Tank Train 1-D Tank Car "44587," 99	75	___
(48411)	Gilbert Chemicals Tank Car "48411," 02	49	___
(48412)	Alaska 3-Dome Tank Car, 02	49	___
(48413)	Diamond Chemicals Tank Car "19418," 03	45	___
48414	Nestle Nesquik 1-D Tank Car "48414," 04	46	___
48415	Hooker Chemicals 3-D Tank Car "48515," 04	40	___
48416	Campbell's Soup 1-D Tank Car, 04	46	___
48417	Pillsbury 1-D Tank Car, 05	CP	___
48418	Protex 3-D Tank Car "PDAX 1054," 05	CP	___
(48436)	See (48476)		
(48470)	NASG Jersey Central Boxcar, 88 u	120	___
(48471)	NASGMKT 1-D Tank Car "120089," 89 u	245	___
(48472)	NASG Pennzoil 3-D Tank Car "390," 90 u	145	___
[48473]	TCA Central of Georgia Boxcar "1990," 90 u	65	___
(48474)	TCA CNW Reefer "70165," 91 u	125	___
(48475)	NASG Boraxo Covered Hopper "591," 91 u	70	___
(48476)	NASG NYC Reefer "491," 91 u	70	___
(48477)	TCA Ralston-Purina Boxcar "11492," 92 u	90	___
(48478)	NASG Burlington Boxcar "792," 92 u	85	___
(48479)	NASG NKP Flatcar w/ Ertl trailer "20602," 92 u	105	___
(48480)	NASG Susquehanna Boxcar "993," 93 u	85	___
(48481)	NASG REA Reefer "893," 93 u	60	___
(48482)	TCA Great Northern Boxcar "3993," 93 u	90	___
(48483)	A.C. Gilbert Society "Boys Club" Boxcar, 93 u	65	___
(48484)	A.C. Gilbert Society "Boys At The Gate" Boxcar, 93 u	60	___
(48485)	NASG Northern Pacific Boxcar "1094," 94 u	48	___
(48486)	NASG NYNH&H Boxcar "1194," 94 u	48	___
(48487)	TCA Yorkrail Boxcar "1994," 94 u	105	___
(48489)	TCA Penn Dutch Boxcar "91653," 97 u	120	___
(48490)	TTOS Western Pacific Boxcar "101645," 95 u	70	___

LIONEL PRODUCTION 1979–2006   New   Cond/S

(48491)	TCA Burlington Northern Flatcar w/ trailers "1995," *95 u*	75	__
(48492)	TCA Northern Pacific Boxcar "1261," *95 u*	75	__
(48493)	NASG Southern Pacific TTUX Flatcars w/ trailers "1395," *95 u*	75	__
(48494)	NASG Lehigh Valley Covered Grain Hopper "1295," *95 u*	65	__
(48495)	St. Louis S Gaugers Monsanto 1-D Tank Car, white, *95 u*	90	__
(48496)	St. Louis S Gaugers Monsanto 1-D Tank Car, orange, *95 u*	550	__
(48497)	TCA MKT 3-D Tank Car "117018," *96 u*	90	__
(48498)	TTOS Western Pacific Boxcar "31337," *96 u*	80	__
48500	SP Gondola w/ canisters (HARR#5), *87*	25	__
48501	Southern Pacific Flatcar w/ trailers (HARR#5), *87*	34	__
48502	Wabash Flatcar w/ trailers (HARR#6), *88*	34	__
48503	Wabash Gondola w/ canisters (HARR#6), *88*	22	__
(4)8505	Illinois Central Gulf Flatcar w/ bulkheads "8505," *90*	38	__
48507/48508	U.S. Army Flatcars w/ tanks (2), *95*	65	__
(48509)	AF Equipment Co. Flatcar w/ farm tractors, *95*	41	__
(48510)	Nickel Plate Road Gondola w/ canisters, *95*	30	__
(48511)	TTUX Triple Crown Flatcars w/ trailers, *96*	70	__
(48513)	CSX Flatcar w/ generator, *96*	30	__
(48514)	Intermodal TTUX Set, 2 cars, 2 trailers, *97*	75	__
(48515)	New Haven Flatcar	NRS	__
(48516)	SP Searchlight Car "627," *97*	55	__
(48524)	Borden's Flatcar, *01*	50	__
(48525)	Burlington Gondola, *01*	48	__
(48526)	Reading Gondola with Pipes "38708," *02*	48	__
(48527)	Santa Fe Flat Car with Jet Rocket "90019," *02*	50	__
(48528)	Conrail Flatcar w/ Wheel Loader, *02*	55	__
(48529)	NYC Flatcar w/ Wheel Load, *02*	48	__
48531	Chessie Dep. Center Flatcar w/ Cable Reel, *03-05*	CP	__
(48532)	SP Flatcar with Trailers "513183," *03-05*	CP	__
48533	PFE Flatcar w/ Piggyback Trailers, *04-05*	CP	__
48534	NYC Depressed Center Flatcar w/ Cable Reel "48534," *04*	50	__
48535	GN Flatcar w/ Bulkheads "48535," *04-05*	CP	__
48537	Nestle Nesquik Flatcar w/ Milk Containers, *04-05*	CP	__
48538	Hood's Flatcar w/ Milk Containers, *04-05*	CP	__
48539	REA Flatcar w/ Piggyback Trailers "TLCX2," *05*	CP	__
48540	B&O Flatcar w/ Girder "8652," *05*	CP	__
48541	D&H Gondola w/ Pipe Load "13903," *05*	CP	__
48542	UPS Flatcar with Piggyback Trailer, *05*	42	__
48553	PFE Flatcar w/ Trailers "48553," *04*	44	__
48600	Southern Pacific Hopper (HARR#5), *87*	29	__
48601	Union Pacific Covered Hopper, *87*	28	__
48602	Erie Covered Hopper, *87*	28	__
48603	Wabash Hopper w/ coal load (HARR#6), *88*	28	__
48604	Milwaukee Road Covered Hopper, *88*	29	__
48605	Burlington Northern Covered Hopper, *88*	30	__

LIONEL PRODUCTION 1979–2006

		New	Cond/$
(48608)	Domino Sugar Covered Hopper "49608," *92*	65	___
(4)8609	D&H Covered Hopper "8609," *93*	31	___
48610	NKP Covered Hopper, *94*	28	___
(48611)	Cargill Covered Grain Hopper, *95*	37	___
(48612)	ADM 3-Bay Covered Hopper, *97*	38	___
(48613)	B&LE Hoppers 4-pack, *98*	130	___
(48614)	B&LE Hopper, *98*	34	___
48619	Union Pacific Hopper, *01*	47	___
(48620)	B&O Hopper "435350," *02*	50	___
(48621)	CN Covered Hopper, *02*	48	___
48622	Burlington Hopper "170616," *03*	43	___
48623	Naughty & Nice Hopper (2Pk.), *04-05*	CP	___
(48628)	DM&IR Hopper "48628," *05*	CP	___
48700	SP B/W Caboose (HARR#5), *87*	32	___
48701	Illinois Central Gulf B/W Caboose, *87*	33	___
48702	Wabash S/W Caboose (HARR#6), *88*	33	___
48703	Union Pacific S/W Caboose, *88*	36	___
48705	Pennsylvania S/W Caboose, *89*	38	___
(4)8706	BN S/W Caboose "8706," *90*	46	___
(4)8707	NH S/W Caboose "8707," *91*	33	___
(48710)	Conrail B/W Caboose "21503," *95*	33	___
(4)8711	Northern Pacific B/W Caboose "8711," *95*	40	___
(48712)	Happy New Year B/W Caboose "0101," *95*	48	___
(48713)	Nickel Plate Road Caboose, *97*	44	___
(48714)	SP Caboose "990," square windows, *97*	43	___
(48715)	Milwaukee Road Caboose, *97*	50	___
(48718)	C&NW Caboose, *98*	48	___
(48719)	Conrail Bay Window Caboose, "21137," *98*	34	___
(48721)	Santa Fe Caboose "999628," *99*	65	___
(48722)	Rock Island Bay-Window Caboose "17778," *02*	49	___
48723	Santa Fe Boom Car "206982," *03*	39	___
48724	Seaboard Square-Window Caboose "49658," *03*	45	___
48725	NYC Caboose "17560," *03-04*	42	___
48726	NYC Boom Car "48726," *04-05*	44	___
48727	UP Bay-Window Caboose "24554," *05*	CP	___
48728	Southern Bay-Window Caboose "X545," *05*	CP	___
48730	DM&IR Extended-Vision Caboose "C-227," *05*	CP	___
48731	SP Bay-Window Caboose "1338," *05*	CP	___
48732	UP Boom Car, *05*	CP	___
48800	Wabash Reefer (HARR#6), *88*	33	___
48801	Union Pacific Reefer, *88*	29	___
48802	Pennsylvania Reefer, *88*	36	___
(4)8805	Ntl. Dairy Despatch Insulated Boxcar "8805," *90*	50	___
(4)8806	REA Reefer "8806," *94*	38	___
(4)8807	NKP Reefer, *94*	35	___
48808	PFE Refrigerator Car "30000," *03*	48	___
48809	NP Refrigerator Car "139," *04*	40	___
48900	C&O Combination Car (HARR#7), *89*	47	___
48901	C&O Passenger Car (HARR#7), *89*	55	___
48902	C&O Vista Dome Car (HARR#7), *89*	50	___
48903	C&O Observation Car (HARR#7), *89*	47	___

LIONEL PRODUCTION 1979–2006

New Cond/$

(4)8904	UP Combination Car "8904" (HARR#8), *90*	43	___
(4)8905	UP Passenger Car "8905" (HARR#8), *90*	55	___
(4)8906	UP Vista Dome Car "8906" (HARR# 8), *90*	50	___
(4)8907	UP Observation Car "8907" (HARR#8), *90*	47	___
(4)8908	UP Passenger Car "8908" (HARR#8), *90 u*	90	___
(4)8909	UP Vista Dome Car "8909" (HARR#8), *90 u*	105	___
(4)8910	MoPac Combination Car "8910," *91*	47	___
(4)8911	MoPac Vista Dome Car "8911," *91*	47	___
(4)8912	MoPac Passenger Car "8912," *91*	47	___
(4)8913	MoPac Observation Car "8913," *91*	47	___
(4)8914	MoPac Passenger Car "8914," *91*	75	___
(4)8915	MoPac Vista Dome Car "8915," *91*	75	___
(4)8920	Northern Pacific Combination Car "8920," *92*	47	___
(4)8921	Northern Pacific Passenger Car "8921," *92*	47	___
(4)8922	Northern Pacific Vista Dome Car "8922," *92*	47	___
(4)8923	Northern Pacific Observation Car "8923," *92*	47	___
(4)8924	Northern Pacific Vista Dome Car "8924," *92*	47	___
(4)8925	Northern Pacific Passenger Car "8925," *92*	55	___
(48926)	WP "California Zephyr" Comb Car "CZ801," *93*	37	___
(48927)	WP "California Zephyr" Vista Dome Car "CZ814," *93*	40	___
(48928)	WP "California Zephyr" Vista Dome Car "CZ815," *93*	40	___
(48929)	WP "California Zephyr" Vista Dome Car "CZ813," *93*	42	___
(48930)	WP "California Zephyr" Vista Dome Car "CZ811," *93*	46	___
(48931)	WP "California Zephyr" Observation Car "CZ882," *93*	37	___
(48932)	WP "California Zephyr" Dining Car "CZ842," *93*	43	___
(4)8933	MoPac Dining Car "8933," *94*	60	___
(4)8934	Northern Pacific Dining Car "8934," *94*	65	___
(48935)	New Haven Combination Car, *95*	55	___
(48936)	New Haven Vista Dome Car, *95*	55	___
(48937)	New Haven Observation Car, *95*	55	___
(48938)	Silver Flash Combination Car "960," *95*	70	___
(48939)	Silver Flash Passenger Car "961," *95*	70	___
(48940)	Silver Flash Observation Car "963," *95*	70	___
(4)8941	Union Pacific Vista Dome Dining Car "8941," *95*	60	___
(48942)	Vista Dome Car "962," *96*	140	___
(48943)	New Haven Vista Dome Dining Car, *96*	65	___
(48944)	AT&SF "Super Chief" Pass. 4-pack "995-98," *97*	225	___
(48961)	NYC Streamlined Passenger Car 2-pack, *02*	160	___
48964	NYC Baggage Car "9149," *03*	50	___
48965	B&O Passenger Car 2-Pack, *03*	90	___
48968	Santa Fe Passenger Car 2-Pack, *04-05*	CP	___
48975	Pennsylvania Passenger Car 2-Pack, *05*	CP	___
(4)9001	NYC Searchlight Car "9001," *90*	40	___
(4)9003	Union Pacific Searchlight Car "9003," *91*	42	___
49006	Milwaukee Road Animated S/W Caboose, *92*	36	___
(49009)	AF Lines Flatcar w/ derrick, *96*	37	___
(49010)	Stable of Champions Horse Car, *96*	32	___
49011	UP "Moe & Joe" Animated Flatcar "15100," *03*	60	___
49012	Santa Fe Crane Car " 199707," *03*	65	___
49013	PRR Depr. Center Searchlight Car "49013," *04-05*	55	___
49014	NYC Crane Car "X-15," *04-05*	55	___

LIONEL PRODUCTION 1979–2006

New Cond/$

49015	Westside Lumber "Moe & Joe" Animated Flatcar "49015," *04-05*	55	___
49016	Santa Fe Walking Brakeman Boxcar "49016," *04-05*	55	___
49017	GN Animated Caboose "X84," *04-05*	55	___
49021	UP Crane Car "JPX-251," *05*	CP	___
49022	M.O.W. Searchlight Car, *05*	CP	___
49023	NYC Walking Brakeman Car "174226," *05*	CP	___
49024	Pennsylvania Coal Dump Car "494979," *05*	CP	___
(49600)	Union Pacific "Pony Express" set (HARR#8), *90*	660	___
(49601)	Missouri Pacific "Eagle" set, *91*	520	___
(49602)	Northern Pacific "North Coast Limited" set, *92*	700	___
(49604)	Western Pacific "California Zephyr" set, *93*	395	___
(49605)	New Haven Passenger Car set, *95*	155	___
(49606)	Silver Flash set, *95*	570	___
49608	See (48608)	60	___
(49611)	NYC Alco PA Passenger Set, *02*	610	___
49612	B&O 4-Car Passenger Set, *03*	700	___
49613	Southern Baldwin Switcher Work Train set, *04*	400	___
49614	Pennsylvania Alco PA Diesel Passenger Set, *05*	CP	___
(49805)	No. 23780 Gabe the Lamplighter, *01*	110	___
(49806)	No. 23796 Sawmill, *01*	100	___
(49807)	No. 752 Seaboard Coaler, *01*	165	___
(49809)	No. 772 Water Tower, *02*	65	___
49810	No. 787 Log Loader, *04-05*	95	___
49811	No. 773 Oil Derrick, *04-05*	55	___
49812	No. 755 Talking Station, *04-05*	155	___
49813	No. 789 Baggage Smasher, *04-05*	105	___
49814	No. 774 Floodlight Tower, *04-05*	75	___
49815	No. 741 Handcar and Shed, *04-05*	85	___
49816	No. 771 Operating Stockyard and Stockcar, *04*	110	___
49817	No. 787 Coal Loader, *04*	110	___
49818	No. 23830 Piggyback Unloader and Flatcar, *04-05*	50	___
49819	No. 583A Electromagnetic Crane, *04-05*	200	___
49824	Postwar no. 770 Loading Platform and Car, *05*	CP	___
(52094)	NASG Ann Arbor Cvrd Grain Hopper "1496," *96 u*	50	___
(52095)	NASG Mobil 1-D Tank Car "1596," *96 u*	75	___
70165	See (48474)		
91653	See (48489)		
101645	See (48490)		
117018	See (48497)		
120089	See (48471)		
CZ801	See (48926)		
CZ811	See (48930)		
CZ813	See (48929)		
CZ814	See (48927)		
CZ815	See (48928)		
CZ842	See (48932)		
CZ882	See (48931)		

AMERICAN MODELS
1981–2006

Retail Cond/$

Note: All locomotives are AC powered and ready to run unless noted otherwise.

		Retail	Cond/$
(100)	Undecorated 40' Boxcar	33.95	___
(102)	B&O 40' Boxcar	33.95	___
(105)	D&RGW 40' Boxcar	33.95	___
(112)	Soo 40' Boxcar	33.95	___
(113)	NYC 40' Boxcar	33.95	___
(114)	PRR 40' Boxcar	33.95	___
(115)	ATSF 40' Boxcar	33.95	___
(116)	SEA 40' Boxcar	33.95	___
(116C)	Seaboard 40' Boxcar (Silver Comet), *04*	36.96	___
(116L)	Seaboard 40' Boxcar (Robert E. Lee), *04*	36.96	___
(117)	SP 40' Boxcar	33.95	___
(118)	UP 40' Boxcar	33.95	___
(119)	C&O 40' Boxcar	33.95	___
(119B)	C&O 40' Boxcar	33.95	___
(121)	NYC Pacemaker 40' Boxcar	36.95	___
(122)	Rutland 40' Boxcar	36.95	___
123	PRRMerchandise Service 40' Boxcar, *04*	36.96	___
(125)	P&LE 40' Boxcar	34.95	___
(126)	NP 40' Boxcar	34.95	___
(128)	NH 40' Boxcar	33.95	___
(129)	GN 40' Boxcar	33.95	___
(130)	GM&O 40' Boxcar	33.95	___
(131)	N&W 40' Boxcar	33.95	___
(132)	CP 40' Boxcar	33.95	___
(133)	M&StL 40' Boxcar	33.95	___
(134)	EL 40' Boxcar	33.95	___
(135)	SP 40' Boxcar	34.95	___
(136)	Susquehanna 40' Boxcar	33.95	___
(137)	C&NW 40' Boxcar	33.95	___
(138)	Conrail 40' Boxcar	33.95	___
(139)	Southern 40' Boxcar	33.95	___
(140)	MP 40' Boxcar	33.95	___
(141)	NYC 40' Boxcar	34.95	___
(142)	Rock Island 40' Boxcar	33.95	___
(143)	Virginian 40' Boxcar, *04*	36.96	___
(175)	ICG 40' Boxcar "418388"	30.95	___
(176)	Reading 40' Boxcar "1104273"	30.95	___
(177)	ACY 40' Boxcar	30.95	___
(178)	BN 40' Boxcar "131589"	30.95	___
(179)	Burlington Route 40' Boxcar "62366"	30.95	___
(180G)	NP 40' Boxcar "19202"	30.95	___
(180R)	NP 40' Boxcar "19202"	30.95	___
(181)	NYC 40' Boxcar	39.95	___
(200)	Undecorated 2-bay Hopper, rib-sided	29.95	___
(201)	C&O 2-bay Hopper, rib-sided	29.95	___
(202)	WM 2-bay Hopper, rib-sided	29.95	___
(204)	Erie 2-bay Hopper, rib-sided	29.95	___
(205)	N&W 2-bay Hopper, rib-sided	29.95	___

AMERICAN MODELS 1981–2006   Retail   Cond/S

(206)	NYC 2-bay Hopper, rib-sided	29.95	___
(207)	PRR 2-bay Hopper, rib-sided	29.95	___
(208)	PEAB 2-bay Hopper, rib-sided	29.95	___
(209)	Southern 2-bay Hopper, rib-sided	29.95	___
(210)	UP 2-bay Hopper, rib-sided	29.95	___
(211)	SP 2-bay Hopper, rib-sided	29.95	___
(212)	D&RGW 2-bay Hopper, rib-sided	29.95	___
(213)	Virginian 2-bay Hopper, rib-sided	29.95	___
(214)	Reading 2-bay Hopper, rib-sided	29.95	___
(215)	CB&Q 2-bay Hopper, rib-sided	29.95	___
(216)	LV 2-bay Hopper, rib-sided	29.95	___
(217)	Interstate 2-bay Hopper, "INT 6012," rib-sided	29.95	___
(218)	BN 2-bay Hopper, rib-sided	29.95	___
(223)	Burlington Rte. Exp. 40' Plug Door Boxcar "79225"	30.95	___
(250)	Undecorated 2-bay Hopper, offset-sided	29.95	___
(251)	ATSF 2-bay Hopper, offset-sided	29.95	___
(252)	CP 2-bay Hopper, offset-sided	29.95	___
(253)	GN 2-bay Hopper, offset-sided	29.95	___
(254)	NP 2-bay Hopper, offset-sided	29.95	___
(255)	IC 2-bay Hopper, offset-sided	29.95	___
(256)	NYC 2-bay Hopper, offset-sided	29.95	___
(257)	L&N 2-bay Hopper, offset-sided	29.95	___
(258)	MILW 2-bay Hopper, offset-sided	29.95	___
(259)	UP 2-bay Hopper, offset-sided	29.95	___
(260)	SLSF 2-bay Hopper, offset-sided	29.95	___
(261)	LNE 2-bay Hopper, offset-sided	29.95	___
(262)	D&H 2-bay Hopper, offset-sided	29.95	___
(263)	NKP 2-bay Hopper, offset-sided	29.95	___
(264)	MP 2-bay Hopper, offset-sided	29.95	___
(265)	Conrail 2-bay Hopper, offset-sided	29.95	___
(266)	CNW 2-bay Hopper, offset-sided	29.95	___
(267)	Monon 2-bay Hopper, offset-sided	29.95	___
(268)	B&O 2-bay Hopper, offset-sided	29.95	___
(352)	CP 2-bay Hopper, offset-sided	29.95	___
(355)	IC 2-bay Hopper, offset-sided	29.95	___
(359)	UP 2-bay Hopper, offset-sided	29.95	___
(361)	LNE 2-bay Hopper, offset-sided	29.95	___
(364)	MP 2-bay Hopper, offset-sided	29.95	___
(366)	CNW 2-bay Hopper, offset-sided	29.95	___
(368)	B&O 2-bay Hopper, offset-sided	29.95	___
(420)	BN Gondola	29.95	___
(500)	Undecorated Tank Car	36.95	___
(501)	CPC INT Tank Car	36.95	___
(502)	GATX Tank Car	36.95	___
(503)	Cargill Tank Car	36.95	___
(504)	JM Hubber Tank Car	36.95	___
(505)	Englehard Tank Car	36.95	___
(506)	Georgia Kao Tank Car	36.95	___
(507)	N.J. Zinc Tank Car	36.95	___
(508)	BASF Wyand Tank Car	36.95	___
(509)	American Maize Tank Car	36.95	___

AMERICAN MODELS 1981–2006

		Retail	Cond/$
(510)	B.F. Goodrich Tank Car	36.95	___
(511)	Elcor Chemical Tank Car	36.95	___
(512)	Domino Sugar Tank Car	36.95	___
513B	American Models Tank Car, *04*	36.96	___
513G	American Models Tank Car (Green)	36.96	___
(772)	Automatic Water Tower	79.95	___
(774)	Floodlight Tower	79.95	___
(1100)	Undecorated 40' Boxcar	30.95	___
(1100)	WFE 40' Boxcar Premium series	31.95	___
(1102)	B&O 40' Boxcar	30.95	___
(1103)	SSW/ SP 40' Boxcar	30.95	___
(1105)	D&RGW 40' Boxcar	30.95	___
(1105)	BN/WFE 40' Boxcar "76120"	32.95	___
(1108)	GN 40' Boxcar, Classic series	34.95	___
(1112)	Soo Line 40' Boxcar	24.95	___
(1113)	NYC 40' Boxcar	30.95	___
(1114)	PRR 40' Boxcar	30.95	___
(1115)	ATSF 40' Boxcar	30.95	___
(1116)	SEA 40' Boxcar	30.95	___
(1117)	SP 40' Boxcar	30.95	___
(1118)	UP 40' Boxcar	30.95	___
(1119)	C&O 40' Boxcar	30.95	___
(1121)	NYC 40' Boxcar, Classic series	34.95	___
(1122)	RUT 40' Boxcar, Classic series	34.95	___
(1125)	P&LE 40' Boxcar, Premium series	31.95	___
(1126)	NP 40' Boxcar, Premium series	31.95	___
(1128)	NH 40' Boxcar	30.95	___
(1129)	GN 40' Boxcar	30.95	___
(1130)	GM&O 40' Boxcar	30.95	___
(1131)	N&W 40' Boxcar	30.95	___
(1132)	CP 40' Boxcar	30.95	___
(1133)	M&StL 40' Boxcar	30.95	___
(1133)	NYC 40' Boxcar "180454"	30.95	___
(1134)	Erie-Lackawanna 40' Boxcar	30.95	___
(1135)	SP 40' Boxcar, Premium series	31.95	___
(1136)	Susie-Q 40' Boxcar, Classic series	34.95	___
(1137)	CNW 40' Boxcar	30.95	___
(1138)	CR 40' Boxcar	30.95	___
(1500)	Undecorated 50' Ribbed Boxcar	36.95	___
(1501)	Railbox 50' Ribbed Boxcar	36.95	___
(1502)	Evergreen 50' Ribbed Boxcar	36.95	___
(1503)	MEC 50' Ribbed Boxcar	36.95	___
(1504)	CNW 50' Ribbed Boxcar	36.95	___
(1505)	UP 50' Ribbed Boxcar	39.95	___
(1506)	Conrail 50' Ribbed Boxcar	36.95	___
(1507)	BN 50' Ribbed Boxcar	36.95	___
(1508)	Tropicana 50' Ribbed Boxcar	36.95	___
(1509)	D&RGW 50' Ribbed Boxcar	36.95	___
(1510)	Rail Link 50' Ribbed Boxcar	36.95	___
(1511)	CSX Link 50' Ribbed Boxcar	36.95	___
(1512)	Soo 50' Ribbed Boxcar	36.95	___

AMERICAN MODELS 1981–2006   Retail   Cond/$

(1513)	Miller 50' Ribbed Boxcar	36.95	___
(1514)	PRR 50' Ribbed Boxcar	36.95	___
(1515)	NYC 50' Ribbed Boxcar	36.95	___
(1516)	Amtrak 50' Ribbed Boxcar	36.95	___
1517	NS 50' Ribbed Boxcar, *04*	36.96	___
1518B	Rock Island 50' Ribbed Boxcar (Blue), *04*	36.96	___
1518W	Rock Island 50' Ribbed Boxcar (White), *04*	36.96	___
2002	Rock Island City of Chicago observation, TCA, *02*	54.95	___
2003	Rock Island City of LA Pullman coach, TCA, *03*	54.95	___
2004	Rock Island Redman/Fraley Pullman combine, TCA, *04*	54.95	___
(2200)	Undecorated 40' Plug Door Boxcar	30.95	___
(2202)	PFE 40' Boxcar, Premium series	32.95	___
(2203)	ART 40' Boxcar, Premium series	32.95	___
(2204)	PGE 40' Boxcar, Premium series	32.95	___
(2206)	Dubuque 40' Boxcar, Premium series	32.95	___
(2207)	WP 40' Plug Door Boxcar	30.95	___
(2208)	CN 40' Plug Door Boxcar	30.95	___
(2209)	DT&I 40' Boxcar, Premium series	34.95	___
(2210)	ATSF 40' Boxcar, Premium series	34.95	___
(2211)	PRR 40' Plug Door Boxcar	30.95	___
(2212)	Soo Line 40' Plug Door Boxcar	30.95	___
(2213)	MILW 40' Plug Door Boxcar	30.95	___
(2215)	NYC 40' Boxcar, Premium series	34.95	___
(2216)	BN 40' Boxcar, Premium series	34.95	___
(2217)	GN 40' Plug Door Boxcar	30.95	___
(2218)	CP 40' Plug Door Boxcar	30.95	___
(2219)	PG&E 40' Plug Door Boxcar	30.95	___
(2220)	B&A 40' Boxcar Classic series	33.95	___
(2221)	NP 40' Boxcar Classic series	33.95	___
(2222)	Miller 40' Plug Door Boxcar	30.95	___
(2223)	BNE Classic 40' Plug Door Boxcar	33.95	___
(2224)	CP Classic 40' Plug Door Boxcar	33.95	___
(2225)	Frisco Classic 40' Plug Door Boxcar	33.95	___
(2226)	ADM 40' Plug Door Boxcar	39.95	___
(3200)	Undecorated 2-bay Hopper, rib-sided	30.95	___
(3201)	C&O 2-bay Hopper, rib-sided	30.95	___
(3202)	WM 2-bay Hopper, rib-sided	30.95	___
(3203)	B&O 2-bay Hopper, rib-sided	30.95	___
(3204)	Erie 2-bay Hopper, rib-sided	30.95	___
(3205)	N&W 2-bay Hopper, rib-sided	30.95	___
(3206)	NYC 2-bay Hopper, rib-sided	30.95	___
(3206R)	NYC red 2-bay Hopper, rib-sided	30.95	___
(3207)	PRR 2-bay Hopper, rib-sided	30.95	___
(3208)	Peabody 2-bay Hopper, rib-sided	30.95	___
(3209)	Southern 2-bay Hopper, rib-sided	30.95	___
(3211)	SP 2-bay Hopper, rib-sided	30.95	___
(3213)	Virginia 2-bay Hopper, rib-sided	30.95	___
(3214)	RDG 2-bay Hopper, rib-sided	30.95	___
(3215)	CB&Q 2-bay Hopper, rib-sided	30.95	___
(3216)	LV 2-bay Hopper, rib-sided	30.95	___

AMERICAN MODELS 1981–2006   Retail   Cond/$

(3217)	Interstate RR 2-bay Hopper, rib-sided	30.95	___
(3218)	Burlington 2-bay Hopper, rib-sided	30.95	___
(3218)	D&RGW 2-bay Hopper, rib-sided	30.95	___
(3219)	NH 2-bay Hopper, rib-sided	30.95	___
(3251)	ATSF 2-bay Hopper, offset-sided	30.95	___
(3252)	CP 2-bay Hopper, offset-sided	30.95	___
(3253)	GN 2-bay Hopper, offset-sided	30.95	___
(3254)	NP 2-bay Hopper, offset-sided	30.95	___
(3255)	IC 2-bay Hopper, offset-sided	30.95	___
(3256)	NYC 2-bay Hopper, offset-sided	30.95	___
(3257)	L&N 2-bay Hopper, offset-sided	30.95	___
(3258)	Milwaukee 2-bay Hopper, offset-sided	30.95	___
(3259)	UP 2-bay Hopper, offset-sided	30.95	___
(3260)	Frisco 2-bay Hopper, offset-sided	30.95	___
(3261)	LNE 2-bay Hopper, offset-sided	30.95	___
(3262)	D&H 2-bay Hopper, offset-sided	30.95	___
(3263)	NKP 2-bay Hopper, offset-sided	30.95	___
(3264)	MP 2-bay Hopper, offset-sided	30.95	___
(3265)	Conrail 2-bay Hopper, offset-sided	30.95	___
(3266)	C&NW 2-bay Hopper, offset-sided	30.95	___
(3267)	Monon 2-bay Hopper, offset-sided	30.95	___
(3268)	B&O 2-bay Hopper, offset-sided	30.95	___
(3269)	ACL 2-bay Hopper, offset-sided	30.95	___
(3270)	GM&O 2-bay Hopper, offset-sided	30.95	___
(3271)	RDG 2-bay Hopper, offset-sided	30.95	___
(3272)	Rock Island 2-bay Hopper, offset-sided	30.95	___
(3272)	Southern 2-bay Hopper, offset-sided	30.95	___
(3273)	RDG Blue Coal 2-bay Hopper, offset-sided	30.95	___
(3300)	Undecorated PS-2 CD 3-bay Hopper	39.95	___
(3301)	A.D.M. PS-2 CD 3-bay Hopper "2114"	39.95	___
(3302)	BN PS-2 CD 3-bay Hopper "450995"	39.95	___
(3303)	Cargill PS-2 CD 3-bay Hopper "TLDX 2520"	39.95	___
(3304)	C&NW PS-2 CD 3-bay Hopper "96758"	39.95	___
(3305)	Conrail PS-2 CD 3-bay Hopper "865781"	39.95	___
(3306)	GN PS-2 CD 3-bay Hopper "172213"	39.95	___
(3307)	IC PS-2 CD 3-bay Hopper "54607"	39.95	___
(3308)	PRR PS-2 CD 3-bay Hopper "260084"	39.95	___
(3309)	Pillsbury PS-2 CD 3-bay Hopper "3089"	39.95	___
(3310)	D&RGW PS-2 CD 3-bay Hopper "15045"	39.95	___
(3311)	The Rock PS-2 CD 3-bay Hopper "13278"	39.95	___
(3312)	AT&SF PS-2 CD 3-bay Hopper "304227"	39.95	___
(3313)	UP PS-2 CD 3-bay Hopper "21753"	39.95	___
3351	Santa Fe 3-bay Hopper, offset-sided, *04*	37.95	___
3358	C&O 3-bay Hopper, offset-sided, *04*	37.95	___
3368	B&O 3-bay Hopper, offset-sided, *04*	37.95	___
3373	Reading Blue Coal 3-bay Hopper, offset-sided, *04*	37.95	___
3375	Rock Island 3-bay Hopper, offset-sided, *04*	37.95	___
(3400)	Undecorated 4-bay Hopper	33.95	___
(3401)	B&O 4-bay Hopper "532161"	33.95	___
(3402)	C&O 4-bay Hopper "67297"	33.95	___
(3403)	IC 4-bay Hopper "67049"	33.95	___

AMERICAN MODELS 1981–2006

		Retail	Cond/$
(3404)	NH 4-bay Hopper "81225"	33.95	___
(3405)	MP 4-bay Hopper "1912"	33.95	___
(3406)	Peabody Coal 4-bay Hopper "8676"	33.95	___
(3407)	Rock Island 4-bay Hopper "133288"	33.95	___
(3408)	AT&SF 4-bay Hopper "181040"	33.95	___
(3409)	WM 4-bay Hopper "15308"	33.95	___
(3410)	NYC 4-bay Hopper "904641"	33.95	___
(3411)	NP 4-bay Hopper	33.95	___
(3414)	RDG Blue Coal 4-bay Hopper	33.95	___
(3451)	BN 4-bay Hopper "514024"	33.95	___
(3452)	CB&Q 4-bay Hopper "171426"	33.95	___
(3453)	C&NW 4-bay Hopper "64651"	33.95	___
(3454)	CR 4-bay Hopper "403122"	33.95	___
(3455)	CSX 4-bay Hopper "311566"	33.95	___
(3456)	D&RGW 4-bay Hopper "12543"	33.95	___
(3457)	GN 4-bay Hopper "705014"	33.95	___
(3458B)	GN 4-bay Hopper "918295"	33.95	___
(3458R)	PRR 4-bay Hopper "923678"	33.95	___
(3459)	UP 4-bay Hopper "901423"	33.95	___
(3460)	SP 4-bay Hopper "43277"	33.95	___
(3461)	Virginian 4-bay Hopper "9059"	33.95	___
(4400)	Undecorated Gondola	30.95	___
(4401)	SLSF Gondola	30.95	___
(4402)	Wabash Gondola	30.95	___
(4403)	Southern Gondola	30.95	___
(4404)	PRR Gondola	30.95	___
(4405)	GN Gondola	30.95	___
(4406)	LV Gondola	30.95	___
(4407)	B&O Gondola	30.95	___
(4408)	C&O Gondola	30.95	___
(4409)	MILW Gondola	30.95	___
(4410)	SP Gondola	30.95	___
(4411)	WM Gondola	30.95	___
(4412)	Soo Line Gondola	30.95	___
(4413)	Lackawanna Gondola	30.95	___
(4414)	IC Gondola	30.95	___
(4415)	NYC Gondola	30.95	___
(4416)	NKP Gondola	30.95	___
(4417)	N&W Gondola	30.95	___
(4418)	UP Gondola	30.95	___
(4419)	ATSF Gondola	30.95	___
(4420)	BN Gondola	30.95	___
(4421)	CP Gondola	30.95	___
(4422)	NP Gondola	30.95	___
(4423)	D&H Gondola	30.95	___
(4424)	Reading Gondola	30.95	___
(4425)	D&RGW Gondola	30.95	___
(4426)	CNW Gondola	30.95	___
(4427)	CR Gondola	30.95	___
(4428)	MP Gondola	30.95	___
(4429)	CB&Q Gondola	31.95	___

AMERICAN MODELS 1981–2006

		Retail	Cond/$
(4430)	NH Gondola	31.95	___
(4431)	P&LE Gondola	31.95	___
(4432)	RI Gondola	31.95	___
4599	Chevron tank car TCA, *99*	89.95	___
(6000)	Undecorated USRA 46' Flatcar	37.95	___
(6001)	B&O USRA 46' Flatcar	37.95	___
(6002)	Burlington Route USRA 46' Flatcar	37.95	___
(6003)	BN USRA 46' Flatcar	37.95	___
(6004)	Conrail USRA 46' Flatcar	37.95	___
(6005)	C&NW USRA 46' Flatcar	37.95	___
(6006)	C&O USRA 46' Flatcar	37.95	___
(6007)	CSX USRA 46' Flatcar	37.95	___
(6008)	CP USRA 46' Flatcar	37.95	___
(6009)	D&RGW USRA 46' Flatcar	37.95	___
(6010)	GN USRA 46' Flatcar	37.95	___
(6011)	IC USRA 46' Flatcar	37.95	___
(6012)	NH USRA 46' Flatcar	37.95	___
(6013)	NYC USRA 46' Flatcar	37.95	___
(6014)	NP USRA 46' Flatcar	37.95	___
(6015)	N&W USRA 46' Flatcar	37.95	___
(6016)	MP USRA 46' Flatcar	37.95	___
(6017)	PRR USRA 46' Flatcar	37.95	___
(6018)	ATSF USRA 46' Flatcar	37.95	___
(6019)	Southern USRA 46' Flatcar	37.95	___
(6020)	SP USRA 46' Flatcar	37.95	___
(6021)	UP USRA 46' Flatcar	37.95	___
(6022)	Frisco USRA 46' Flatcar	37.95	___
6023	Milwaukee Road USRA 46' Flatcar, *04*	37.95	___
(6024)	RI USRA 46' Flatcar	37.95	___
7500	Undec. Wood-sided Caboose, *04*	39.95	___
(7501)	ATSF Wood-sided Caboose	39.95	___
(7502)	ACL Wood-sided Caboose	39.95	___
(7503)	B&O Wood-sided Caboose	39.95	___
(7504)	CP Wood-sided Caboose	39.95	___
(7505)	CB&Q Wood-sided Caboose	39.95	___
(7506)	C&O Wood-sided Caboose	39.95	___
(7507)	C&NW Wood-sided Caboose	39.95	___
(7508)	D&RG Wood-sided Caboose	39.95	___
(7509)	Erie Wood-sided Caboose	39.95	___
(7510)	Frisco Wood-sided Caboose	39.95	___
(7511)	GN Wood-sided Caboose	39.95	___
(7512)	GM&O Wood-sided Caboose	39.95	___
(7513)	IC Wood-sided Caboose	39.95	___
(7514)	Lackawanna Wood-sided Caboose	39.95	___
(7515)	Milwaukee Road Wood-sided Caboose	39.95	___
(7516)	MP Wood-sided Caboose	39.95	___
(7517)	NH Wood-sided Caboose	39.95	___
(7518)	NYC Wood-sided Caboose	39.95	___
(7519)	N&W Wood-sided Caboose	39.95	___
(7520)	NP Wood-sided Caboose	39.95	___
(7521)	PRR Wood-sided Caboose	39.95	___

AMERICAN MODELS 1981–2006

		Retail	Cond/$
(7522)	RI Wood-sided Caboose	39.95	___
(7523)	Southern Wood-sided Caboose	39.95	___
(7524)	SP Wood-sided Caboose	39.95	___
(7525)	UP Wood-sided Caboose	39.95	___
(7526)	Rio Grande 4-stripe Wood-sided Caboose	39.95	___
(7527)	NYC Pacemaker Wood-sided Caboose	39.95	___
(7700)	Undecorated Caboose	36.95	___
(7701)	Chessie Caboose	36.95	___
(7702)	Erie Caboose	36.95	___
(7703)	Erie-Lackawanna Caboose, red	36.95	___
(7704)	Conrail Caboose	36.95	___
(7705)	CNW Caboose	36.95	___
(7706)	Southern Caboose	36.95	___
(7707)	NYC Caboose	36.95	___
(7708)	PRR Caboose	36.95	___
(7709)	NW Caboose	36.95	___
(7710)	ATSF Caboose	36.95	___
(7711)	SP Caboose	36.95	___
(7712)	GN Caboose	36.95	___
(7713)	NP Caboose	36.95	___
(7714)	UP Caboose	36.95	___
(7715)	NH Caboose	36.95	___
(7716)	CP Caboose	36.95	___
(7718)	Erie-Lackawanna Caboose, maroon and gray	38.95	___
(7719)	BN Caboose	36.95	___
(7720)	Burlington Caboose "1113"	38.95	___
(7721)	Milwaukee Road B/W Caboose	39.95	___
(7722)	SLSF B/W premium Caboose	41.95	___
(7723)	MP B/W Caboose	39.95	___
(7724)	CSX B/W Caboose	39.95	___
(7725)	NYC B/W Caboose	39.95	___
(7726)	SP B/W Caboose	39.95	___
(46000)	Undecorated USRA 4-6-2	349.95	___
(46000AC)	Undecorated USRA 4-6-2 Pacific Steam Loco	379.95	___
(46000AC-GN)	GN USRA 4-6-2 Pacific Steam Loco	379.95	___
(46000AC-NP)	NP USRA 4-6-2 Pacific Steam Loco	379.95	___
(46000AC-NYC)	NYC USRA 4-6-2 Pacific Steam Loco	379.95	___
(46000AC-PRR)	PRR USRA 4-6-2 Pacific Steam Loco	379.95	___
(46000AC-SF)	Santa Fe USRA 4-6-2 Pacific Steam Loco	379.95	___
46000AC-SP	SP USRA 4-6-2 Pacific Steam Loco, *04*	379.95	___
(46000AC-WO)	Undecorated USRA 4-6-2 Pacific Steam Locomotive w/ Limited Sounds	329.95	___
(46000AC-WO-GN)	Great Northern USRA 4-6-2 Pacific Steam Locomotive w/ Limited Sounds	329.95	___
(46000AC-WO-NP)	Northern Pacific USRA 4-6-2 Pacific Steam Locomotive w/ Limited Sounds	329.95	___
(46000AC-WO-NYC)	NYC USRA 4-6-2 Pacific Steam Locomotive w/ Limited Sounds	329.95	___
(46000AC-WO-PRR)	PRR USRA 4-6-2 Pacific Steam Locomotive w/ Limited Sounds	329.95	___

AMERICAN MODELS 1981–2006

	Retail	Cond/$
(46000AC-WO-SF) Santa Fe USRA 4-6-2 Pacific Steam Locomotive w/ Limited Sounds	329.95	___
46000AC-WO_SP Southern Pacific USRA 4-6-2 Pacific Steam Locomotive w/ Limited Sounds, *04*	329.95	___
(46000HR) Undecorated USRA 4-6-2 Pacific Steam Locomotive (Hi-Rail Version)	329.95	___
(46000HR-GN) Great Northern USRA 4-6-2 Pacific Steam Locomotive (Hi-Rail Version)	329.95	___
(46000HR-NP) Northern Pacific USRA 4-6-2 Pacific Steam Locomotive (Hi-Rail Version)	329.95	___
(46000HR-NYC) NYC USRA 4-6-2 Pacific Steam Locomotive (Hi-Rail Version)	329.95	___
(46000HR-PRR) PRR USRA 4-6-2 Pacific Steam Locomotive (Hi-Rail Version)	299.95	___
(46000HR-SF) Santa Fe USRA 4-6-2 Pacific Steam Locomotive (Hi-Rail Version)	299.95	___
46000HR-SP Southern Pacific USRA 4-6-2 Pacific Steam Locomotive (Hi-Rail Version), *04*	299.95	___
(46000S-NP) Northern Pacific USRA 4-6-2 Pacific Steam Locomotive (DC Scale Version)	299.95	___
(46000S-NYC) NYC USRA 4-6-2 Pacific Steam Locomotive (DC Scale Version)	299.95	___
(46000S-PRR) PRR USRA 4-6-2 Pacific Steam Locomotive (DC Scale Version)	299.95	___
(46000S-SF) Santa Fe USRA 4-6-2 Pacific Steam Locomotive (DC Scale Version)	299.95	___
46000S-SP Southern Pacific USRA 4-6-2 Pacific Steam Locomotive (DC Scale Version), *04*	299.95	___
(46000S) Undecorated USRA 4-6-2 Pacific Steam Locomotive (DC Scale Version)	299.95	___
(46000S-GN) Great Northern USRA 4-6-2 Pacific Steam Locomotive (DC Scale Version)	299.95	___
(46001) B&O USRA 4-6-2	349.95	___
(46002) Southern USRA 4-6-2	349.95	___
(46002AC) Southern USRA 4-6-2 Pacific Steam Locomotive	379.95	___
(46002AC-WO) Southern USRA 4-6-2 Pacific Steam Locomotive w/ Limited Sounds	329.95	___
(46002HR) Southern USRA 4-6-2 Pacific Steam Locomotive (Hi-Rail Version)	299.95	___
(46002S) Southern USRA 4-6-2 Pacific Steam Locomotive (DC Scale Version)	299.95	___
(46003AC) Milw. Rd. USRA 4-6-2 Pacific Steam Loco	379.95	___
(46003AC-WO) Milw. Rd. USRA 4-6-2 Pacific Loco w/ Limited Sounds	329.95	___
(46003HR) Milwaukee Road USRA 4-6-2 Pacific Locomotive (Hi-Rail Version)	299.95	___
(46003S) Milwaukee Road USRA 4-6-2 Pacific Steam	299.95	___
(46004AC) New Haven USRA 4-6-2 Pacific Steam Loco Locomotive (DC Scale Version)	379.95	___
(46004AC-WO) New Haven USRA 4-6-2 Pacific Steam Locomotive w/ Limited Sounds	329.95	___

AMERICAN MODELS 1981–2006   Retail   Cond/$

(46004HR) New Haven USRA 4-6-2 Pacific Steam Loco (Hi-Rail Version)	299.95	___
(46004S) New Haven USRA 4-6-2 Pacific Steam Locomotive (DC Scale Version)	299.95	___
(46500) Undecorated USRA 4-6-2	619.95	___
(46500AC) Undecorated USRA 4-6-2 Pacific Steam Passenger Set	699.95	___
(46500HR) Undecorated USRA 4-6-2 Pacific Steam Passenger Set (Hi-Rail)	619.95	___
(46500S) Undecorated USRA 4-6-2 Pacific Steam Passenger Set (DC Scale)	619.95	___
(46501) B&O USRA 4-6-2	619.95	___
(46502) Southern USRA 4-6-2	619.95	___
(46502AC) Southern USRA 4-6-2 Pacific Steam Pass. Set	699.95	___
(46502HR) Southern USRA 4-6-2 Pacific Steam Passenger Set (Hi-Rail)	619.95	___
(46502S) Southern USRA 4-6-2 Pacific Steam Passenger Set (DC Scale)	619.95	___
(46503AC) Milwaukee Road USRA 4-6-2 Pacific Steam Passenger Set	659.95	___
(46503HR) Milwaukee Road USRA 4-6-2 Pacific Steam Passenger Set (Hi-Rail)	599.95	___
(46503S) Milwaukee Road USRA 4-6-2 Pacific Steam Passenger Set (DC Scale)	599.95	___
(46504AC) New Haven USRA 4-6-2 Pacific Steam Passenger Set	699.95	___
(46504HR) New Haven USRA 4-6-2 Pacific Steam Passenger Set (Hi-Rail)	619.95	___
(46504S) New Haven USRA 4-6-2 Pacific Steam Passenger Set (DC Scale)	619.95	___
547798 C&NW 4-bay hopper TCA, *98*	84.95	___
BD8RPO Undecorated Budd RPO, *04*	59.95	___
BD8200 Undecorated Budd Coach (Silver), *04*	74.95	___
BD8200C Undecorated Budd Coach (Chrome), *04*	59.95	___
(BD8201) B&O Budd Coach	74.95	___
(BD8202) Southern Budd Coach	74.95	___
(BD8203) UP Budd Coach	74.95	___
BD8204 New Haven Budd Coach, *04*	74.95	___
(BD8205) NYC Budd Coach	74.95	___
(BD8206) ATSF Budd Coach	74.95	___
(BD8209) PRR Budd Coach	74.95	___
(BD8214) ACL Budd Coach	74.95	___
(BD8215) Burlington Budd Coach	74.95	___
(BD8216) RI Budd Coach	74.95	___
(BD8218) Central of Georgia Budd Coach	74.95	___
(BDB8217) IC Budd Coach	74.95	___
(BDBS00) Undecorated, silver Budd Coach	74.95	___
(BDBS00) Undecorated, silver Budd set of 4 cars	289.95	___
(BDBS01) B&O Budd 4-car set	319.95	___
(BDBS02) Southern Budd 4-car set	319.95	___
(BDBS03) UP Budd 4-car set	319.95	___

AMERICAN MODELS 1981–2006

		Retail	Cond/$
BDBS04	New Haven Budd 4-car set, *04*	319.95	___
(BDBS05)	NYC 4-car Budd set	319.95	___
(BDBS06)	ATSF Budd 4-car set	319.95	___
(BDBS09)	PRR Budd 4-car set	319.95	___
(BDBS14)	ACL Budd 4-car set	319.95	___
(BDBS15)	Burlington Budd 4-car set	319.95	___
(BDBS16)	RI Budd 4-car set	319.95	___
(BDBS17)	IC Budd 4-Car set	319.95	___
(BDBS18)	Central of Georgia Budd 4-Car set	319.95	___
(BSSC1)	Conrail Trailer Hauler Freight set	299.95	___
(BSSC4)	SP Trailer Hauler Freight set	299.95	___
(CB208S)	Ground Throw	2.70	___
(DXF211AB)	B&O FA AB w/ sound	489.95	___
(DXF211ABA)	B&O FA ABA w/ sound	359.95	___
(DXF211ABPW)	B&O FA AB powered B	359.95	___
(DXF214AB)	Rock Island FA AB w/ sound	489.95	___
(DXF214ABA)	Rock Island FA ABA w/ sound	359.95	___
(DXF214ABPW)	Rock Island FA AB powered B	359.95	___
(DXF710AB	Atlantic Coast Line FP7 AB w/ sound	359.95	___
(DXF710ABA	ACL FP7 AB w/ sound	489.95	___
(DXF710ABPW)	ACL FP7 AB w/ powered B	359.95	___
(DXF711AB)	B&O FP7 AB w/ sound	359.95	___
(DXF711ABA)	B&O FP7 ABA w/ sound	489.95	___
(DXF711ABPW)	B&O FP7 AB w/ powered B	359.95	___
(DXF712AB)	C&O FP7 AB w/ sound	359.95	___
(DXF712ABA)	C&O FP7 ABA w/ sound	489.95	___
(DXF712ABPW)	C&O FP7 AB w/ powered B	359.95	___
(DXF713AB)	D&RG FP7 AB w/ sound	359.95	___
(DXF713ABA)	D&RG FP7 ABA w/ sound	489.95	___
(DXF713ABPW)	D&RG FP7 AB w/ powered B	359.95	___
(DXF714AB)	Rock Island FP7 AB w/ sound	359.95	___
(DXF714ABA)	Rock Island FP7 ABA w/ sound	489.95	___
(DXF714ABPW)	Rock Island FP7 AB w/ powered B	359.95	___
(DXF715AB)	Southern FP7 AB w/ sound	489.95	___
(DXF715ABA)	Southern FP7 ABA w/ sound	359.95	___
(DXFA2011)	B&O FA A Unit	199.95	___
(DXFA2014)	Rock Island FA A Unit	199.95	___
(DXFA211DNS)	B&O FA B Unit w/ sound	199.95	___
(DXFB211PW)	B&O FA B Unit powered	199.95	___
(DXFB214PW)	Rock Island B Unit powered	199.95	___
(DXFB214SND)	Rock Island B Unit w/ sound	199.95	___
(DXFB710PW)	ACL FP7 B Unit powered	199.95	___
(DXFB711PW)	B&O FP7 B Unit powered	199.95	___
(DXFB711SND)	B&O FP7 B Unit w/ sound	199.95	___
(DXFB712PW)	C&O FP7 B Unit powered	199.95	___
(DXFB712SND)	C&O FP7 B Unit w/ sound	199.95	___
(DXFB713PW)	D&RG FP7 B Unit powered	199.95	___
(DXFB713SND)	D&RG FP7 B Unit w/ sound	199.95	___
(DXFB714)	Rock Island FP7 A Unit	199.95	___
(DXFB714PW)	Rock Island FP7 B unit powered	199.95	___
(DXFB714SND)	Rock Island FP7 B Unit w/ sound	199.95	___

AMERICAN MODELS 1981–2006   Retail   Cond/S

(DXFB715PW) Southern FP7 B Unit powered	199.95	___
(DXFB715SND) Southern FP7 B Unit w/ sound	199.95	___
(DXFP7010) ACL FP7 A Unit	199.95	___
(DXFP7011) B&O FP7 A Unit	199.95	___
(DXFP7012) C&O FP7 A Unit	199.95	___
(DXFP7013) D&RG FP7 A Unit	199.95	___
(DXFP715) Southern FP7 A Unit	199.95	___
(DXFP7B710SND) ACL FP7 B Unit w/ sound	199.95	___
(E800) Undecorated E8 Diesel	299.95	___
(E800AA) Undecorated E8 Diesel AA	549.95	___
(E803) NYC E8 Diesel	299.95	___
(E803AA) NYC E8 Diesel AA	549.95	___
(E805) PRR E8 Diesel	299.95	___
(E805AA) PRR E8 Diesel AA (Tuscan red)	549.95	___
(E806) PRR E8 Diesel (Brunswick green)	299.95	___
(E806AA) PRR E8 Diesel AA (Brunswick green)	549.95	___
(E808) UP E8 Diesel	299.95	___
(E808AA) UP E8 Diesel AA	549.95	___
(E811) B&O E8 Diesel	299.95	___
(E811AA) B&O E8 Diesel AA	549.95	___
(E816) ATSF E8 Diesel	299.95	___
(E817) Burlington E8 Diesel	299.95	___
(E818) Central of Georgia E8 Diesel	299.95	___
(E819) Burlington E8 Diesel	299.95	___
(E819AA) Burlington E8 Diesel AA	549.95	___
(E820) IC E8 Diesel	299.95	___
(E820AA) IC E8 Diesel AA	549.95	___
(E821) Central of Georgia E8 Diesel	299.95	___
(E821AA) Central of Georgia E8 Diesel AA	549.95	___
(ESE01) Empire State Express set	699.95	___
(F40P2) Amtrak EMD F-40 PH-2	199.95	___
(F40P3) Amtrak EMD F-40 PH-3	199.95	___
(F200AB) Undecorated FA-2 Diesel AB w/ sound	349.95	___
(F200ABA) Undecorated FA-2 Diesel ABA w/ sound	479.95	___
(F200ABPW) Undecorated FA-2 Diesel AB powered	349.95	___
(F201AB) CP FA-2 Diesel AB w/ sound	349.95	___
(F201ABA) CP FA-2 Diesel ABA w/ sound	479.95	___
(F201ABPW) CP FA-2 Diesel AB powered	349.95	___
(F202AB) GN FA-2 Diesel AB w/ sound	349.95	___
(F202ABA) GN FA-2 Diesel ABA w/ sound	479.95	___
(F202ABPW) GN FA-2 Diesel AB powered	349.95	___
(F203AB) NH FA-2 Diesel AB w/ sound	349.95	___
(F203ABA) NH FA-2 Diesel ABA w/ sound	479.95	___
(F203ABPW) NH FA-2 Diesel AB powered	349.95	___
(F204AB) NYC FA-2 Diesel AB w/ sound	349.95	___
(F204ABA) NYC FA-2 Diesel ABA w/ sound	479.95	___
(F204ABPW) NYC FA-2 Diesel AB powered	349.95	___
(F205AB) UP FA-2 Diesel AB w/ sound	349.95	___
(F205ABA) UP FA-2 Diesel ABA w/ sound	479.95	___
(F205ABPW) UP FA-2 Diesel AB powered	349.95	___
(F206AB) PRR FA-2 Diesel AB w/ sound	349.95	___

AMERICAN MODELS 1981–2006   Retail   Cond/$

(F206ABA) PRR FA-2 Diesel ABA w/ sound	479.95	___
(F206ABPW) PRR FA-2 Diesel AB powered	349.95	___
(F700AB) Undec. FP-7 Diesel AB w/ sound	349.95	___
(F700ABA) Undec. FP-7 Diesel ABA w/ sound	479.95	___
(F700ABPW) Undec. FP-7 Diesel AB powered	349.95	___
(F701AB) BN FP-7 Diesel AB w/ sound	349.95	___
(F701ABA) BN FP-7 Diesel ABA w/ sound	479.95	___
(F701ABPW) BN FP-7 Diesel AB powered	349.95	___
(F702AB) GN FP-7 Diesel AB w/ sound	349.95	___
(F702ABA) GN FP-7 Diesel ABA w/ sound	479.95	___
(F702ABPW) GN FP-7 Diesel AB powered	349.95	___
(F703AB) NYC FP-7 Diesel AB w/ sound	349.95	___
(F703ABA) NYC FP-7 Diesel ABA w/ sound (Gray)	479.95	___
(F703ABPW) NYC FP-7 Diesel AB powered (Gray)	349.95	___
(F704AB) NP FP-7 Diesel AB w/ sound	349.95	___
(F704ABA) NP FP-7 Diesel ABA w/ sound	479.95	___
(F704ABPW) NP FP-7 Diesel AB powered	349.95	___
(F705AB) PRR FP-7 Diesel AB w/ sound	349.95	___
(F705ABA) PRR FP-7 Diesel ABA w/ sound (Red)	479.95	___
(F705ABPW) PRR FP-7 Diesel AB powered (Red)	349.95	___
(F706AB) PRR FP-7 Diesel AB w/ sound	349.95	___
(F706ABA) PRR FP-7 Diesel ABA w/ sound (Green)	479.95	___
(F706ABPW) PRR FP-7 Diesel AB powered (Green)	349.95	___
(F707AB) SP FP-7 Diesel AB w/ sound	349.95	___
(F707ABA) SP FP-7 Diesel ABA w/ sound	479.95	___
(F707ABPW) SP FP-7 Diesel AB powered	349.95	___
(F708AB) UP FP-7 Diesel AB w/ sound	349.95	___
(F708ABA) UP FP-7 Diesel ABA w/ sound	479.95	___
(F708ABPW) UP FP-7 Diesel AB powered	349.95	___
(F709AB) NYC FP-7 Diesel AB w/ sound	349.95	___
(F709ABA) NYC FP-7 Diesel ABA w/ sound (Black)	479.95	___
(F709ABPW) NYC FP-7 Diesel AB powered (Black)	349.95	___
(F7B00PW) Undecorated FP-7 Diesel B Unit powered	189,95	___
(F7B00SND) Undecorated FP-7 Diesel B Unit w/ sound	189.95	___
(F7B01PW) BN FP-7 Diesel B Unit powered	189.95	___
(F7B01SND) BN FP-7 Diesel B Unit w/ sound	189.95	___
(F7B02PW) GN FP-7 Diesel B Unit powered	189.95	___
(F7B02SND) GN FP-7 Diesel B Unit w/ sound	189.95	___
(F7B03PW) NYC FP-7 Diesel B Unit powered (Gray)	189.95	___
(F7B03SND) NYC FP-7 Diesel B Unit w/ sound (Gray)	189.95	___
(F7B04PW) NP FP-7 Diesel B Unit powered	189.95	___
(F7B04SND) NP FP-7 Diesel B Unit w/ sound	189.95	___
(F7B05PW) PRR FP-7 Diesel B Unit powered (Red)	189.95	___
(F7B05SND) PRR FP-7 Diesel B Unit w/ sound (Red)	189.95	___
(F7B06PW) PRR FP-7 Diesel B Unit powered (Green)	189.95	___
(F7B06SND) PRR FP-7 Diesel B Unit w/ sound (Green)	189.95	___
(F7B07PW) SP FP-7 Diesel B Unit powered	189.95	___
(F7B07SND) SP FP-7 Diesel B Unit w/ sound	189.95	___
(F7B08PW) UP FP-7 Diesel B Unit powered	189.95	___
(F7B08SND) UP FP-7 Diesel B Unit w/ sound	189.95	___
(F7B09PW) NYC FP-7 Diesel B Unit powered (Black)	189.95	___

AMERICAN MODELS 1981–2006

Retail Cond/S

(F7B09SND) NYC FP-7 Diesel B Unit w/ sound (Black)	189.95	___
(FA2000) Undecorated Alco FA-2	189.95	___
(FA2001) CP Alco FA-2	189.95	___
(FA2002) GN Alco FA-2	189.95	___
(FA2003) NH Alco FA-2 "10401"	189.95	___
(FA2004) NYC Alco FA-2	189.95	___
(FA2005) UP Alco FA-2	189.95	___
(FA2006) PRR Alco FB-2	189.95	___
(FB200PW) Undecorated FA-2 Diesel B Unit powered	189.95	___
(FB200SND) Undecorated FA-2 Diesel B Unit w/ sound	189.95	___
(FB201PW) CP FA-2 Diesel B Unit powered	189.95	___
(FB201SND) CP FA-2 Diesel B Unit w/ sound	189.95	___
(FB202PW) GN FA-2 Diesel B Unit powered	189.95	___
(FB202SND) GN FA-2 Diesel B Unit w/ sound	189.95	___
(FB203PW) NH FA-2 Diesel B Unit powered	189.95	___
(FB203SND) NH FA-2 Diesel B Unit w/ sound	189.95	___
(FB204PW) NYC FA-2 Diesel B Unit powered	189.95	___
(FB204SND) NYC FA-2 Diesel B Unit w/ sound	189.95	___
(FB205PW) UP FA-2 Diesel B Unit powered	189.95	___
(FB205SND) UP FA-2 Diesel B Unit w/ sound	189.95	___
(FB206PW) PRR FA-2 Diesel B Unit powered	189.95	___
(FB206SND) PRR FA-2 Diesel B Unit w/ sound	189.95	___
(FB2000) Undecorated Alco FB-2	189.95	___
(FB2001) CP Alco FB-2	189.95	___
(FB2002) GN Alco FB-2	189.95	___
(FB2003) NH Alco FB-2	189.95	___
(FB2004) NYC Alco FB-2	189.95	___
(FB2005) UP Alco FB-2	189.95	___
(FB2006) PRR Alco FB-2	189.95	___
(FB7000) Undecorated EMD FB-7	189.95	___
(FB7001) BN EMD FB-7	189.95	___
(FB7002) GN EMD FB-7	189.95	___
(FB7003) NYC EMD FB-7	189.95	___
(FB7004) NP EMD FB-7	189.95	___
(FB7005) PRR EMD FB-7, tuscan	189.95	___
(FB7006) PRR EMD FB-7, green	189.95	___
(FB7007) SP EMD FB-7	189.95	___
(FB7008) UP EMD FB-7	189.95	___
(FP7000) Undecorated EMD FP-7	189.95	___
(FP7001) BN EMD FP-7	189.95	___
(FP7002) GN EMD FP-7	189.95	___
(FP7003) NYC EMD FP-7	189.95	___
(FP7004) NP EMD FP-7	189.95	___
(FP7005) PRR EMD FP-7, tuscan	189.95	___
(FP7006) PRR EMD FP-7, green	189.95	___
(FP7007) SP EMD FP-7	189.95	___
(FP7008) UP EMD FP-7	189.95	___
(GG1200) Undecorated GG-1 Electric	309.95	___
(GG1201) PRR GG-1 Electric, green	309.95	___
(GG1202) PRR GG-1 Electric, tuscan	309.95	___
(GP9000) Undecorated EMD GP-9	189.95	___

AMERICAN MODELS 1981–2006

		Retail	Cond/S
(GP9001)	Conrail EMD GP-9	189.95	___
(GP9002)	Erie-Lackawanna EMD GP-9	189.95	___
(GP9003)	NH EMD GP-9	189.95	___
(GP9004)	NYC EMD GP-18 "5918"	189.95	___
(GP9005)	N&W EMD GP-9	189.95	___
(GP9006)	PRR EMD GP-9	189.95	___
(GP9007)	ATSF EMD GP-9	189.95	___
(GP9008)	SP EMD GP-9	189.95	___
(GP9009)	UP EMD GP-9	189.95	___
(GP9010)	C&O EMD GP-9	189.95	___
(GGCC)	PRR GG-1 Electric, Congressional, Chrome	249.95	___
(GGCS)	PRR GG-1 Electric, Congressional, Silver	249.95	___
(GGGI)	PRR GG-1 Electric, Green, 1-Stripe	249.95	___
(GGGS)	PRR GG-1 Electric, Green, 5-Stripe	249.95	___
(GGR6)	PRR GG-1 Electric, Tuscan, 5-Stripe	249.95	___
(GGRI)	PRR GG-1 Electric, Tuscan, 1-Stripe	249.95	___
(GP35000)	Undecorated EMD GP-35	189.95	___
(GP35001)	C&O EMD GP-35	189.95	___
(GP35002)	CNW EMD GP-35	199.95	___
(GP35003)	Conrail EMD GP-35	199.95	___
(GP35004)	Erie-Lackawanna EMD GP-35	189.95	___
(GP35005)	GN EMD GP-35	199.95	___
(GP35006)	MP EMD GP-35	189.95	___
(GP35007)	NYC EMD GP-35	189.95	___
(GP35008)	PRR EMD GP-35	189.95	___
(GP35010)	SP EMD GP-35	199.95	___
(GP35011)	UP EMD GP-35	199.95	___
(GP35012)	BN EMD GP-35	199.95	___
(GP35013)	CSX EMD GP-35	209.95	___
(GP35014)	ATSF EMD GP-35, warbonnet	209.95	___
(GP35015)	Soo Line EMD GP-35	189.95	___
(GP35016)	D&RGW EMD GP-35	199.95	___
(GP35017)	Ann Arbor EMD GP-35 "383"	189.95	___
(HA8000)	Undecorated 80' Pass Lghtwgt Streamline set	249.95	___
(HA8001)	GN 80' Passenger Lightweight Streamline set	249.95	___
(HA8002)	NP 80' Passenger Lightweight Streamline set	249.95	___
(HA8003)	NYC 80' Passenger Lightweight Streamline set	249.95	___
(HA8004)	PRR 80' Passenger Lightweight Streamline set	249.95	___
(HA8006)	UP 80' Passenger Lightweight Streamline set	249.95	___
(HA8100)	Undecorated Baggage-Dormitory	44.95	___
(HA8101)	NP Baggage-Dormitory	44.95	___
(HA8103)	NYC Baggage-Dormitory	44.95	___
(HA8104)	PRR Baggage-Dormitory	44.95	___
(HA8106)	UP Baggage-Dormitory	44.95	___
(HA8111)	GN Baggage-Dormitory	44.95	___
(HA8200)	Undecorated 60-seat Coach	44.95	___
(HA8201)	NP 60-seat Coach	44.95	___
(HA8203)	NYC 60-seat Coach	44.95	___
(HA8204)	PRR 60-seat Coach	44.95	___
(HA8206)	UP 60-seat Coach	44.95	___
(HA8211)	GN 60-seat Coach	44.95	___

AMERICAN MODELS 1981–2006   Retail   Cond/$

(HA8300) Undecorated Vista Dome	44.95	___
(HA8301) NP Vista Dome	44.95	___
(HA8303) NYC Vista Dome	44.95	___
(HA8304) PRR Vista Dome	44.95	___
(HA8306) UP Vista Dome	44.95	___
(HA8311) GN Vista Dome	44.95	___
(HA8400) Undecorated 4-16 Duplex Sleeper	44.95	___
(HA8401) NP 4-16 Duplex Sleeper	44.95	___
(HA8403) NYC 4-16 Duplex Sleeper	44.95	___
(HA8404) PRR 4-16 Duplex Sleeper	44.95	___
(HA8406) UP 4-16 Duplex Sleeper	44.95	___
(HA8411) GN 4-16 Duplex Sleeper	44.95	___
(HA8500) Undecorated Observation Lounge	44.95	___
(HA8501) NP Observation Lounge	44.95	___
(HA8503) NYC Observation Lounge	44.95	___
(HA8504) PRR Observation Lounge	44.95	___
(HA8506) UP Observation Lounge	44.95	___
(HA8511) GN Observation Lounge	44.95	___
(HW8000) Undecorated 72' Heavyweight Passenger set	289.95	___
(HW8001) CNW 72' Heavyweight Passenger set	289.95	___
(HW8003) UP 72' Heavyweight Passenger set	289.95	___
(HW8004) NH 72' Heavyweight Passenger set	289.95	___
(HW8005) NYC 72' Heavyweight Passenger set	289.95	___
(HW8006) ATSF 72' Heavyweight Passenger set	289.95	___
(HW8007) D&RGW 72' Heavyweight Passenger set	289.95	___
(HW8008) C&NW 72' Heavyweight Passenger set	289.95	___
(HW8009) PRR 72' Heavyweight Passenger set	289.95	___
(HW8010) PRR 72' Heavyweight Passenger set w/ Pullman	289.95	___
(HW8012) SP 72' Heavyweight Passenger set	289.95	___
(HW8013) Pullman green Heavyweight car set, no lettering	289.95	___
(HW8014) Undecorated Pullman Green Heavyweight Passenger Set (Green Roof)	289.95	___
HW8015 SP 72' Heavyweight Passenger set (Gray), *04*	299.95	___
HW8016 C&O 72' Heavyweight Passenger set, *04*	299.95	___
(HW8200) Undecorated Heavyweight Coach	59.95	___
(HW8201) CNW Heavyweight Coach	59.95	___
(HW8203) UP Heavyweight Coach	59.95	___
(HW8204) NH Heavyweight Coach	59.95	___
(HW8205) NYC Heavyweight Coach	59.95	___
(HW8206) ATSF Heavyweight Coach	59.95	___
(HW8207) D&RGW Heavyweight Coach	59.95	___
(HW8209) PRR Heavyweight Coach	59.95	___
(HW8210) PRR Heavyweight Coach w/ Pullman	59.95	___
(HW8212) SP Heavyweight Coach	59.95	___
(HW8213) Undecorated Heavyweight Pullman (Black Roof)	59.95	___
HW8215 SP Heavyweight Passenger Coach (Gray), *04*	59.95	___
HW8216 C&O Heavyweight Passenger Coach, *04*	59.95	___
(HX8100) Undecorated 80' Pullman Heavyweight 12-1 Sleeper	54.95	___
(HX8200) Undecorated 80' Pullman Heavyweight 10-1 Sleeper	54.95	___
(HX8300) Undecorated 80' Pullman Heavyweight Cafe	54.95	___
(J3a) NYC J3a-class Hudson 4-6-4 Steam Loco	359.95	___

AMERICAN MODELS 1981–2006

		Retail	Cond/$
(K46201AC) PRR K4 Torpedo, bronze		429.95	___
(K46202AC) PRR K4 Torpedo, green		429.95	___
(LTD RUN) Wisconsin Central EMD GP-35 "728"		219.95	___
(PABA400) Undecorated Alco PA-1 ABA set		549.95	___
(PABA401) PRR Alco PA-1 ABA set, freight scheme, green		549.95	___
(PABA402) Santa Fe Alco PA-1 ABA set, warbonnet scheme, tuscan		549.95	___
(PABA403) NYC Alco PA-1 ABA set		549.95	___
(PABA404) NYC Alco PA-2 ABA set		549.95	___
(PABA405) NYC System Alco PA-1 ABA set		549.95	___
(PABA406) D&RGW Alco PA-1 ABA set		549.95	___
(PABA407) NH McGuiness scheme Alco PA-1 ABA set		549.95	___
(PABA408) UP Alco PA-1 ABA set		549.95	___
(PABA409) ATSF Alco PA-1 ABA set, warbonnet scheme		549.95	___
(PABA410) ATSF Alco PA-1 ABA set, freight scheme		549.95	___
(PABA411) D&H Alco PA-1 ABA set		549.95	___
(PABA412) SP Daylight Alco PA-1 ABA set "6055"		584.95	___
(RS299.950) Undecorated Alco RS-3		189.95	___
(RS299.951) Conrail Alco RS-3		189.95	___
(RS299.952) SSW/ SP Alco RS-3		189.95	___
(RS299.953) EL Alco RS-3		189.95	___
(RS299.954) GN Alco RS-3		189.95	___
(RS299.955) NH Alco RS-3		189.95	___
(RS299.956) NYC Alco RS-3		189.95	___
(RS299.957) PRR Alco RS-3		189.95	___
(RS3000) Undecorated Alco RS-3		189.95	___
(RS3001) Conrail Alco RS-3		189.95	___
(RS3002) SSW/ SP Alco RS-3		189.95	___
(RS3003) EL Alco RS-3		189.95	___
(RS3004) GN Alco RS-3		189.95	___
(RS3005) NH Alco RS-3		189.95	___
(RS3006) NYC Alco RS-3		189.95	___
(RS3007) PRR Alco RS-3		189.95	___
(RS3014) RI RS-3 Diesel		189.95	___
(S1200)	Undecorated Baldwin S-12	199.95	___
(S1201)	NH Baldwin S-12	209.95	___
(S1202)	CNW Baldwin S-12	209.95	___
(S1203)	Conrail Baldwin S-12	199.95	___
(S1204)	Erie-Lackawanna Baldwin S-12	214.95	___
(S1205)	Erie-Lackawanna Baldwin S-12	199.95	___
(S1206)	Southern Baldwin S-12	219.95	___
(S1207)	NYC Baldwin S-12	199.95	___
(S1208)	PRR Baldwin S-12	199.95	___
(S1209)	ATSF Baldwin S-12	214.95	___
(S1210)	SP Baldwin S-12	209.95	___
(S1211)	UP Baldwin S-12	209.95	___
(S1212)	DRG Baldwin S-12	214.95	___
(S1213)	DRG Baldwin S-12	199.95	___
(S1214)	CB&Q Baldwin S-12	214.95	___
(S1215)	BN Baldwin S-12	199.95	___
(S1216)	BN Baldwin S-12	199.95	___

AMERICAN MODELS 1981–2006

		Retail	Cond/$
(S1217)	BN Baldwin S-12	199.95	___
(S1218)	BN Baldwin S-12	199.95	___
(S1219)	B&O Baldwin S-12	199.95	___
(S1220)	IC Baldwin S-12	209.95	___
(S1221)	IC Baldwin S-12	199.95	___
(S1222)	CP Baldwin S-12	214.95	___
(S1223)	CP Baldwin S-12	199.95	___
(S1224)	SP Baldwin S-12 "106"	214.95	___
(SC65T)	Trailer Train 5-unit Spine set w/ trailer	159.95	___
(SD60EMD)	EMD SD60 Diesel (Long Nose)	249.95	___
(SD60EMDAA)	EMD SD60 Diesel AA (Long Nose)	449.95	___
(SD6000)	Undecorated EMD SD60 Diesel (Long Nose)	249.95	___
(SD6000AA)	Undecorated EMD SD60 Diesel AA (Long Nose)	449.95	___
(SD6000Low)	Undecorated EMD SD60 Diesel (Low Nose)	249.95	___
(SD6000LowAA)	Undecorated EMD SD60 Diesel AA (Low Nose)	449.95	___
(SD6000M)	Undecorated EMD SD60 Diesel (Wide Cab)	249.95	___
(SD6000MAA)	Undecorated EMD SD60 Diesel AA (Wide Cab)	449.95	___
(SD6002)	C&NW EMD SD60 Diesel (Long Nose)	249.95	___
(SD6002AA)	C&NW EMD SD60 Diesel AA (Long Nose)	449.95	___
(SD6003M)	Conrail EMD SD60 Diesel (Wide Cab)	249.95	___
(SD6003MAA)	Conrail EMD SD60 Diesel AA (Wide Cab)	449.95	___
(SD6011)	UP EMD SD60 Diesel (Long Nose)	249.95	___
(SD6011AA)	UP EMD SD60 Diesel AA (Long Nose)	449.95	___
(SD6011M)	UP EMD SD60 Diesel (Wide Cab)	249.95	___
(SD6011MAA)	UP EMD SD60 Diesel AA (Wide Cab)	449.95	___
(SD6012)	BN EMD SD60 Diesel (Long Nose)	249.95	___
(SD6012AA)	BN EMD SD60 Diesel AA (Long Nose)	449.95	___
(SD6012M)	BN EMD SD60 Diesel (Wide Cab)	249.95	___
(SD6012MAA)	BN EMD SD60 Diesel AA (Wide Cab)	449.95	___
(SD6013)	CSX EMD SD60 Diesel (Long Nose)	249.95	___
(SD6013AA)	CSX EMD SD60 Diesel AA (Long Nose)	449.95	___
(SD6013M)	CSX EMD SD60 Diesel (Wide Cab)	249.95	___
(SD6013MAA)	CSX EMD SD60 Diesel AA (Wide Cab)	449.95	___
(SD6015)	Soo Line EMD SD60 Diesel (Long Nose)	249.95	___
(SD6015AA)	Soo Line EMD SD60 Diesel AA (Long Nose)	449.95	___
(SD6015M)	Soo Line EMD SD60 Diesel (Wide Cab)	249.95	___
(SD6015MAA)	Soo Line EMD SD60 Diesel AA (Wide Cab)	449.95	___
(SD6024)	NS EMD SD60 Diesel (Long Nose)	249.95	___
(SD6024AA)	NS EMD SD60 Diesel AA (Long Nose)	449.95	___
(SD6025M)	BNSF EMD SD60 Diesel (Wide Cab)	249.95	___
(SD6025MAA)	BNSF EMD SD60 Diesel AA (Wide Cab)	449.95	___
(SLBSP2)	Amtrak Superliner Set, Phase II	369.95	___
(SLBSP3)	Amtrak Superliner Set, Phase III	369.95	___
(T-1)	UP 40' Semi Trailer "Trailer Freight Service"	11.95	___
(T-2)	SOU 40' Semi Trailer "700425"	11.95	___
(T-3)	BN 40' Semi Trailer "BNZ 233304"	11.95	___
(T-4)	CSX 40' Semi Trailer "580Z231008"	11.95	___
(T-5)	D&RGW 40' Semi Trailer "RRGZ 201077"	11.95	___
(T-6)	AT&SF 40' Semi Trailer	11.95	___
(T-7)	SP 40' Semi Trailer	11.95	___

AMERICAN MODELS 1981–2006

		Retail	Cond/$
(T-8)	Quantum 40' Semi Trailer "HSFZ610007"	11.95	___
(T-9)	IC 40' Semi Trailer	11.95	___
(T-10)	CN&W 40' Semi Trailer	11.95	___
(T-11)	Conrail 40' Semi Trailer	11.95	___
(T-12)	American President Line 40' Semi Trailer	11.95	___
(T-13)	K-Line 40' Semi Trailer	11.95	___
(T-14)	Evergreen 40' Semi Trailer	11.95	___
(T-15)	N&W 40' Semi Trailer "TCSZ216380"	11.95	___
(T-16)	Transamerica 40' Semi Trailer "TDSZ500035"	11.95	___
(T-17)	MP 40' Semi Trailer "MPZ20322"	11.95	___
(T-18)	SP 40' Semi Trailer "SPLZ731908"	11.95	___
(T148B)	Bumpers 2-pack	5.95	___
(T148L)	LH 27"-radius track	17.98	___
(T148L-HT)	LH 27"-radius Turnout w/ Hand Throw	25.95	___
(T148L-PW)	LH 27"-radius Turnout powered	34.95	___
(T148R)	RH 27"-radius Track	17.98	___
(T148R-HT)	RH 27"-radius Turnout w/ Hand Throw	25.95	___
(T148R-PW)	RH 27"-radius Turnout powered	34.95	___
(T710)	Rail Joiners (36)	2.25	___
(T711)	Terminal w/ wire	1.50	___
(T14812)	12" Straight Track	2.98	___
(T14821)	21"-radius S-42 Track	3.08	___
(T14824)	24"-radius S-48 Track	3.28	___
(T14827)	27"-radius S-54 Track	3.28	___
(T14836)	3' Flex Track	7.50	___
(TM00)	Undecorated FM H-24-66 Diesel	249.95	___
(TM01)	C&NW FM H-24-66 Diesel	249.95	___
(TM02)	Lackawanna FM H-24-66 Diesel	249.95	___
(TM03)	Pennsylvania FM H-24-66 Diesel	249.95	___
(TM04)	Reading FM H-24-66 Diesel	249.95	___
(TM05)	SP FM H-24-66 Diesel	249.95	___
(TM06)	Virginian FM H-24-66 Diesel	249.95	___
(TMC-L)	LH Turnout Powering kit	13.95	___
(TMC-R)	RH Turnout Powering kit	13.95	___
(TMD)	Demonstrator FM H-24-66 Diesel	249.95	___
(TML)	LH Turnout Motor kit	8.95	___
(TMR)	RH Turnout Motor kit	8.95	___
(TSP)	Throw Bar Spring	0.50	___
(TWS103)	Rail Weathering Solution (3 oz.)	5.95	___
U2500	Undecorated U25B, *04*	209.95	___
U2501	Burlington U25B, *04*	209.95	___
U2502	C&O U25B, *04*	209.95	___
U2503	Erie-Lackawanna U25B, *04*	209.95	___
U2504	Frisco U25B, *04*	209.95	___
U2505	GN U25B, *04*	209.95	___
U2506	NH U25B, *04*	209.95	___
U2507	Rock Island U25B, *04*	209.95	___
U2508	Santa Fe U25B, *04*	209.95	___
U2509	SP U25B, *04*	209.95	___

S-HELPER SERVICE
1994–2006

Retail Cond/S

(00001)	70-ton FB truck, code 110, *94-98, 02-05*	5.95	___
(00002)	70-ton FB truck, hi-rail, *94-98, 02-05*	5.95	___
(00003)	70-ton RB truck, code 110, *94-98, 02-05*	5.95	___
(00004)	70-ton RB truck, hi-rail, *94-98, 02-05*	5.95	___
(00005)	Hi-rail Freight Coupler, pair, *94-98, 02-05*	2.95	___
(00006)	B&M PS-2 Covered Hopper, "5541," *94-95*	39.95	___
(00007)	NYC PS-2 Covered Hopper, "573251," *94-95*	39.95	___
(00008)	PRR PS-2 Covered Hopper, "257701," *94-95*	39.95	___
(00009)	SF PS-2 Covered Hopper, "87421," *94-95*	39.95	___
(00010)	Wabash PS-2 Covered Hopper, "30321," *94-95*	39.95	___
(00011)	WM PS-2 Covered Hopper, "5531," *94-95*	39.95	___
(00012)	BN PS-2 Covered Hopper, "42471," *94-95*	39.95	___
(00013)	Chessie-WM PS-2 Covered Hopper, "5861," *94-95*	39.95	___
(00014)	CNW PS-2 Covered Hopper, "70551," *94-95*	39.95	___
(00015)	Conrail PS-2 Covered Hopper, "877351," *94-95*	39.95	___
(00016)	Soo Line PS-2 Covered Hopper, "69091," *94-95*	39.95	___
(00017)	SP PS-2 Covered Hopper, "401431," *94-96*	39.95	___
(00018)	CNJ PS-2 Covered Hopper, "751," *94-96*	39.95	___
(00019)	MILW PS-2 Covered Hopper, "99631," *94-96*	39.95	___
(00020)	Trona PS-2 Covered Hopper, "31053," *94*	39.95	___
(00021)	Unlettered PS-2 Covered Hopper, friction bearing, gray, *94-96, 04*	39.95	___
(00022)	PRR PS-2 Covered Hopper, "257781," *94-95*	39.95	___
(00023)	S-2 70-ton RB truck w/ 36" Wheels, code 110, *94-98, 02-04*	6.50	___
(00024)	33" Scale Wheelsets, 4-pack, *94-98, 02-05*	3.95	___
(00025)	33" Hi-rail Wheelsets, 4-pack, *94-98, 03-05*	3.95	___
(00026)	PRR PS-2 Covered Hopper, "257862," sm. keystone, *94*	39.95	___
(00027)	B&O PS-2 Covered Hopper, "631512," *95-96*	39.95	___
(00028)	D&RGW PS-2 Covered Hopper, "18332," *95-96*	39.95	___
(00029)	SF PS-2 Covered Hopper, "82412," scheme #2, *95-96*	39.95	___
(00030)	MEC PS-2 Covered Hopper, "2492," *95-96, 02*	39.95	___
(00031)	UP PS-2 Covered Hopper, "11561," *95-96*	39.95	___
(00032)	WC PS-2 Covered Hopper, "81152," *95-96*	39.95	___
(00033)	LV PS-2 Covered Hopper, "50772," *95-96*	39.95	___
(00034)	RI PS-2 Covered Hopper, "507102," scheme #1, *95*	39.95	___
(00035)	RI PS-2 Covered Hopper, "507182," scheme #2, *95*	39.95	___
(00036)	DT&I PS-2 Covered Hopper, "11186," *95-96*	39.95	___
(00037)	CSX PS-2 Covered Hopper, "22606L," *95-96*	39.95	___
(00038)	CNW/CNW PS-2 Covered Hopper, "95242," scheme #2, *95*	39.95	___
(00039)	CNW/CGW PS-2 Covered Hopper, "7232," *95*	39.95	___
(00040)	BN PS-2 Covered Hopper, "424702," *95*	39.95	___
(00041)	DT&I PS-2 Covered Hopper, "11196," scheme #2, *95-96*	39.95	___

S-HELPER SERVICE 1994–2006

		Retail	Cond/$
(00042)	IMCO PS-2 Covered Hopper, "41012," *95*	39.95	__
(00043)	Unlettered PS-2 Covered Hopper, roller bearing, gray, *95, 04*	39.95	__
(00044)	Chessie/B&O PS-2 Covered Hopper, "631542," *95-96*	39.95	__
(00045)	50-ton Andrews Truck, code 110, *96-98, 02-05*	5.95	__
(00046)	50-ton Andrews Truck, hi-rail, *96-98, 02-05*	5.95	__
(00047)	50-ton 2D-F8 Truck, code 110, *96-98, 02-05*	5.95	__
(00048)	50-ton 2D-F8 Truck, hi-rail, *96-98, 02-05*	5.95	__
(00049)	Unlettered Stock Car, red, *96, 05*	39.95	__
(00050)	UP Stock Car, "49001," scheme #1, *96*	39.95	__
(00051)	UP Stock Car, "49042," scheme #2, *96*	39.95	__
(00052)	Rio Grande Stock Car, "36491," *96*	39.95	__
(00053)	CNW Stock Car, "14201," scheme #1, *96*	39.95	__
(00054)	CNW Stock Car, "14252," scheme #2, *96*	39.95	__
(00055)	ACL Stock Car, "140441," *96, 02*	39.95	__
(00056)	GN Stock Car, "53051," scheme #1, *96*	39.95	__
(00057)	GN Stock Car, "53083," scheme #2, *96*	39.95	__
(00058)	PRR Stock Car, "1218121," scheme #1, *96*	39.95	__
(00059)	PRR Stock Car, "1219172," scheme #2, *96*	39.95	__
(00060)	SF Stock Car, "23001," scheme #1, *96*	39.95	__
(00061)	SF Stock Car, "23062," scheme #2, *96*	39.95	__
(00062)	NP Stock Ca, "24001," *96*	39.95	__
(00063)	Unlettered USRA Wooden Boxcar, red, *96,04*	39.95	__
(00064)	NYC Stock Car, "22591," *96*	39.95	__
(00065)	WP Stock Car, "75891," *96*	39.95	__
(00066)	PRR USRA Wooden Boxcar, "564281," #1, *96*	39.95	__
(00067)	PRR USRA Wooden Boxcar, "518392," #2, *96*	39.95	__
(00068)	CB&Q/C&S USRA Wooden Boxcar, "13501," *96*	39.95	__
(00069)	CB&Q/CB&Q USRA Wooden Boxcar, "25321," *96*	39.95	__
(00070)	MEC/PTM USRA Wooden Boxcar, "2081," *96*	39.95	__
(00071)	B&O USRA Wooden Boxcar, "167051," *96*	39.95	__
(00072)	SP USRA Wooden Boxcar, "26541," *96*	39.95	__
(00073)	NYC USRA Wooden Boxcar, "277361," *96*	39.95	__
(00074)	NMRA-GG, YV&N USRA Wooden Boxcar, "77569," *96*	39.95	__
(00075)	CP USRA Wooden Boxcar, "230471," *96*	39.95	__
(00076)	GN PS-2 Covered Hopper, "71451," *96, 02*	39.95	__
(00077)	NKP PS-2 Covered Hopper, "905003," *96*	39.95	__
(00078)	PL&E (NYC) PS-2 Covered Hopper, "1563," *96, 02, 05*	39.95	__
(00079)	Soo Line PS-2 Covered Hopper, "6873," scheme #2, *96, 02*	39.95	__
(00080)	New Haven PS-2 Covered Hopper, "117093," *96, 02-05*	39.95	__
(00081)	WP PS-2 Covered Hopper, "11203," *96,04-05*	39.95	__
(00082)	MKT PS-2 Covered Hopper, "1333," *96, 02*	39.95	__
(00083)	BN PS-2 Covered Hopper, "424723," *96*	39.95	__
(00084)	PC PS-2 Covered Hopper, "74202," *96, 02*	39.95	__
(00085)	Chessie (CSXT) PS-2 Covered Hopper, "226403," *96*	39.95	__
(00086)	CNW/ CNW PS-2 Covered Hopper, "69473," *96*	39.95	__

S-HELPER SERVICE 1994–2006

		Retail	Cond/$
(00087)	Revere Sugar PS-2 Covered Hopper, "133," *96*	39.95	___
(00088)	Conrail PS-2 Covered Hopper, "877353," scheme #2, *96, 02*	39.95	___
(00089)	Grand Trunk PS-2 Covered Hopper, "111163," *96*	39.95	___
(00090)	Ready Mix Concrete PS-2 Covered Hopper, "326," *96*	39.95	___
(00091)	SP PS-2 Covered Hopper, "402243" scheme #2, *96, 02*	39.95	___
(00092)	Unlettered SW-9, black, *97*	199.95	___
(00093)	ACL SW-9, "701," scheme #1, *97*	199.95	___
(00094)	ACL SW-9 "652," scheme #2, *97*	199.95	___
(00095)	Amtrak SW-9, scheme #1, *97*	199.95	___
(00096)	Amtrak SW-9, scheme #2, *97*	199.95	___
(00097)	B&O SW-9 "9611," scheme #1, *97*	199.95	___
(00098)	B&O SW-9 "9612," scheme #2, *97*	199.95	___
(00099)	B&M SW-9 "1231," scheme #1, *97*	199.95	___
(00100)	B&M SW-9 "1222," scheme #2, *97*	199.95	___
(TC100)	Scale Track Cleaning Car, *03*	CP	___
(00101)	BN SW-9 "161," scheme #1, *97*	199.95	___
(TC101)	AF-Compatible Track Cleaning Car, *03*	CP	___
(00102)	BN SW-9 "169," scheme #2, *97*	199.95	___
(00103)	CP SW-9 "7401," scheme #1, *97-03*	199.95	___
(00104)	CP SW-9 "7405," scheme #2, *97-03*	199.95	___
(00105)	CB&Q SW-9 "9269," scheme #1, *97*	199.95	___
(00106)	CB&Q SW-9 "9270," scheme #2, *97*	199.95	___
(00107)	Chessie System SW-9 "C&O," scheme #1, *97*	199.95	___
(00108)	Chessie System SW-9 "WM," scheme #2, *97*	199.95	___
(00109)	CNW SW-9 "1101," scheme #1, *97*	199.95	___
(00110)	CNW SW-9 "1102," scheme #2, *97*	199.95	___
(00111)	Conrail SW-9, scheme #1, *97*	199.95	___
(00112)	Conrail SW-9, scheme #2, *97*	199.95	___
(00113)	Erie Lack. SW-9 "451," scheme #1, *97*	199.95	___
(00114)	Erie Lack. SW-9 "452," scheme #2, *97*	199.95	___
(00115)	NYC SW-9 "8971," scheme #1, *97*	199.95	___
(00116)	NYC SW-9 "8922," scheme #2, *97*	199.95	___
(00117)	PRR SW-9 "8531," scheme #1, *97*	199.95	___
(00118)	PRR SW-9 "8522," scheme #2, *97*	199.95	___
(00119)	SF SW-9 "2421," scheme #1, *97*	199.95	___
(00120)	SF SW-9 "2432," scheme #2, *97*	199.95	___
(00121)	UP SW-9 "1841," scheme #1, *97*	199.95	___
(00122)	UP SW-9 "1862," scheme #2, *97*	199.95	___
(00123)	UP Stock Car, scheme #3, *97*	39.95	___
(00124)	Unlettered 40' steel rebuilt boxcar, red, *97, 05*	39.95	___
(00125)	C&O 40' steel rebuilt boxcar "12681," *97*	39.95	___
(00126)	CNW 40' steel rebuilt boxcar, *97*	39.95	___
(00127)	DL&W 40' steel rebuilt boxcar "48001," *97*	39.95	___
(00128)	Frisco 40' steel rebuilt boxcar "128011," *97*	39.95	___
(00129)	NYC 40' steel rebuilt boxcar, *97*	39.95	___
(00130)	NYC/PMKY 40' Steel Rebuilt Boxcar "83401," *97*	39.95	___
(00131)	PRR #1 40' Steel Rebuilt Boxcar, *97*	39.95	___
(00132)	PRR #2 40' Steel Rebuilt Boxcar, *97*	39.95	___
(00133)	SF #1 40' Steel Rebuilt Boxcar, *97*	39.95	___

S-HELPER SERVICE 1994–2006

		Retail	Cond/$
(00134)	SF #2 40' Steel Rebuilt Boxcar, *97*	39.95	___
(00135)	VC 40' Steel Rebuilt Boxcar, *97*	39.95	___
(00136)	CN Stock Car "810522," *97*	39.95	___
(00137)	CB&Q Stock Car "52881," *97*	39.95	___
(00138)	MP Stock Car "154092," *97, 02, 04*	39.95	___
(00139)	MKT Stock Car "47021," *97*	39.95	___
(00140)	UP Stock Car "OSL39193," *97*	39.95	___
(00141)	Rutland USRA Wooden Boxcar, *97*	39.95	___
(00142)	Clinchfield USRA Wooden Boxcar "8051," *97, 02*	39.95	___
(00143)	Erie USRA Wooden Boxcar, *97, 02*	39.95	___
(00144)	MILW USRA Wooden Boxcar, *97*	39.95	___
(00145)	PRR-MOW USRA Wooden Boxcar, *97*	39.95	___
(00146)	USRA Pacific Electric Wooden Boxcar, *97-05*	39.95	___
(00147)	USRA Wabash Wooden Boxcar, *97, 02*	39.95	___
(00148)	Chessie/B&O SW-9 Diesel Switcher "B&O 9602," *97-98*	199.95	___
(00149)	CN 40' Stock Car "810371," *97-98, 02*	39.95	___
(00150)	CB&Q 40' Stock Car "52251," *97-98*	39.95	___
(00151)	MKT 40' Stock Car "47372," *97-98*	39.95	___
(00152)	UP/OSL 40' Stock Car "39341," scheme #2, *97-98, 02*	39.95	___
(00153)	C&O 40' Rebuilt Steel Boxcar "12684," *97*	39.95	___
(00154)	Frisco 40' Rebuilt Steel Boxcar "128000," *97*	39.95	___
(00155)	Unlettered 53'6" Bulkhead Flatcar, *97-98, 04-05*	49.95	___
(00156)	BN 53'6" Bulkhead Flatcar "629091," scheme #1, *97-98*	49.95	___
(00157)	BN 53'6" Bulkhead Flatcar "629052," scheme #2, *97-98*	49.95	___
(00158)	CB&Q 53'6" Bulkhead Flatcar "95221," scheme #2, *97-98, 02, 04-05*	49.95	___
(00159)	CB&Q 53'6" Bulkhead Flatcar "95282," scheme #1, *97-98, 02, 04-05*	49.95	___
(00160)	D&RGW 53'6" Bulkhead Flatcar "22761," *97-98, 02, 04-05*	49.95	___
(00161)	IC 53'6" Bulkhead Flatcar "92641," scheme #1, *97-98, 02, 05*	49.95	___
(00162)	IC 53'6" Bulkhead Flatcar "92642," scheme #2, *97-98, 04-05*	49.95	___
(00163)	SOU 53'6" Bulkhead Flatcar "51861," *97-98, 02, 04-05*	49.95	___
(00164)	UP 53'6" Bulkhead Flatcar "15061," scheme #1, *97-98*	49.95	___
(00165)	UP 53'6" Bulkhead Flatcar "15082," scheme #2, *97-98*	49.95	___
(00166)	Wabash 53'6" Blkhd Flatcar "181," *97-98, 04-05*	49.95	___
(00167)	Unlettered Standard, red, *97-98, 04-05*	39.95	___
(00168)	Unlettered Standard, black, *97-98, 04-05*	39.95	___
(00169)	BN 53'6" Standard Flatcar "629091," *97-98*	39.95	___
(00170)	CB&Q 53'6" Standard Flatcar "95221," *97-98*	39.95	___
(00171)	D&RGW 53'6" Standard Flatcar "22761," *97-98*	39.95	___
(00172)	IC 53'6" Standard Flatcar "92641," *97-98*	39.95	___
(00173)	SOU 53'6" Standard Flatcar "51861," *97-98*	39.95	___

S-HELPER SERVICE 1994–2006

Retail Cond/$

(00174)	UP 53'6" Standard Flatcar "15061," *97-98*	39.95	___
(00175)	Wabash 53'6" Standard Flatcar "181," *97-98*	39.95	___
(00176)	PRR 53'6" Standard Flatcar "469997," *97-98*	39.95	___
(00177)	Unlettered 53'6" Trailer on Flatcar, *97-98*	59.95	___
(00178)	B&A 53'6" Trailer on Flatcar "451," *97-98, 03, 05*	59.95	___
(00179)	NKP 53'6" Trailer on Flatcar "3021," *97-98, 02*	59.95	___
(00180)	RI 53'6" Trailer on Flatcar "90991," *97-98, 02*	59.95	___
(00181)	PRR 53'6" Trailer on Flatcar "92761," scheme #1, *97-98, 02*	59.95	___
(00182)	PRR 53'6" Trailer on Flatcar "92762," scheme #2, *97-98, 03, 05*	59.95	___
(00183)	Seaboard 53'6" Trailer on Flatcar "47101," *97-98*	59.95	___
(00184)	UP 53'6" Trailer on Flatcar "15321," scheme #1, *97-98, 03, 05*	59.95	___
(00185)	UP 53'6" Trailer on Flatcar "15322," scheme #2, *97-98, 02-05*	59.95	___
(00186)	Unlettered 53'6" Trailer on Flatcar, *97-98*	59.95	___
(00187)	C&NW 53'6" Trailer on Flatcar "44151," *97-98, 02-05*	59.95	___
(00188)	C&NW 53'6" Trailer on Flatcar "44152," *97-98, 02-05*	59.95	___
(00189)	NH 53'6" Trailer on Flatcar "17341," scheme #1, *97-98, 02-05*	59.95	___
(00190)	NH 53'6" Trailer on Flatcar "17382," scheme #2, *97-98, 02-05*	59.95	___
(00191)	NYC 53'6" Trailer on Flatcar "499701," scheme #1, *97-98, 02-05*	59.95	___
(00192)	NYC 53'6" Trailer on Flatcar "499612," scheme #2, *97-98, 02-05*	59.95	___
(00193)	TTX/REAX 53'6" Trailer on Flatcar "475001," *97-98*	59.95	___
(00194)	TTX/REAX 53'6" Trailer on Flatcar "475002," *97-98, 02*	59.95	___
(00195)	Unlettered 35' Horizontal Corr. Trailer, *97-98*	15.95	___
(00196)	Unlettered 35' Vertical Post Trailer, *97-98*	15.95	___
(00197)	B&A 35' Horizontal Corr. Trailer, *97-98*	15.95	___
(00198)	NKP 35' Horizontal Corr. Trailer, *97-98*	15.95	___
(00199)	RI 35' Horizontal Corr. Trailer, *97-98*	15.95	___
(00200)	PRR 35' Horizontal Corr. Trailer, *97-98*	15.95	___
(00201)	Seaboard 35' Horizontal Corr. Trailer, *97-98*	15.95	___
(00202)	UP 35' Horizontal Corr. Trailer, *97-98*	15.95	___
(00203)	C&NW 35' Vertical Post Trailer, *97-98*	15.95	___
(00204)	NH 35' Vertical Post Trailer, *97-98*	15.95	___
(00205)	NYC 35' Vertical Post Trailer, *97-98*	15.95	___
(00206)	REA 35' Vertical Post Trailer, scheme #1, *97-98*	15.95	___
(00207)	REA 35' Vertical Post Trailer, scheme #2, *97-98*	15.95	___
(00208)	B&A 53'6" Standard Flatcar "451," *97-98*	39.95	___
(00209)	C&NW 53'6" Standard Flatcar "44151," *97-98*	39.95	___
(00210)	NH 53'6" Standard Flatcar "17341," *97-98*	39.95	___
(00211)	NYC 53'6" Standard Flatcar "499701," *97-98*	39.95	___
(00212)	NKP 53'6" Standard Flatcar "3021," *97-98*	39.95	___
(00213)	PRR 53'6" Standard Flatcar "92761," *97-98*	39.95	___

S-HELPER SERVICE 1994–2006

		Retail	Cond/$
(00214)	RI 53'6" Standard Flatcar "90991," *97-98*	39.95	___
(00215)	Seaboard 53'6" Standard Flatcar "47101," *97-98*	39.95	___
(00216)	UP 53'6" Standard Flatcar "15321," *97-98*	39.95	___
(00217)	Unlettered Wide Vision Caboose, *98*	69.95	___
(00218)	BN Wide Vision Caboose, scheme #1, *98-05*	69.95	___
(00219)	BN Wide Vision Caboose, scheme #2, *98-05*	69.95	___
(00220)	C&O Wide Vision Caboose, scheme #1, *98-02*	69.95	___
(00221)	C&O Wide Vision Caboose, scheme #2, *98*	69.95	___
(00222)	CB&Q Wide Vision Caboose, scheme #1, *98-03*	69.95	___
(00223)	CB&Q Wide Vision Caboose, scheme #2, *98-03*	69.95	___
(00224)	CSX Wide Vision Caboose, scheme #1, *98*	69.95	___
(00225)	CSX Wide Vision Caboose, scheme #2, *98*	69.95	___
(00226)	C&NW Wide Vision Caboose, scheme #1, *98*	69.95	___
(00227)	C&NW Wide Vision Caboose, scheme #2, *98*	69.95	___
(00228)	Conrail Wide Vision Caboose, scheme #1, *99*	69.95	___
(00229)	Conrail Wide Vision Caboose, scheme #2, *99*	69.95	___
(00230)	D&RGW Wide Vision Caboose, scheme #1, *98*	69.95	___
(00231)	D&RGW Wide Vision Caboose, scheme #1, *98*	69.95	___
(00232)	GN Wide Vision Caboose, scheme #1, *98*	69.95	___
(00233)	GN Wide Vision Caboose, scheme #2, *98-02*	69.95	___
(00234)	IC Wide Vision Caboose, scheme #1, *98-05*	69.95	___
(00235)	IC Wide Vision Caboose, scheme #2, *98-04*	69.95	___
(00236)	MP Wide Vision Caboose, scheme #1, *98-04*	69.95	___
(00237)	MP Wide Vision Caboose, scheme #2, *98-05*	69.95	___
(00238)	NP Wide Vision Caboose, scheme #1, *98-03*	69.95	___
(00239)	NP Wide Vision Caboose, scheme #2, *98-02*	69.95	___
(00240)	AT&SF Wide Vision Caboose, scheme #1, *98*	69.95	___
(00241)	AT&SF Wide Vision Caboose, scheme #2, *98*	69.95	___
(00242)	Seaboard Wide Vision Caboose, scheme #1, *98-05*	69.95	___
(00243)	Seaboard Wide Vision Caboose, scheme #2, *98-05*	69.95	___
(00244)	SOO Line Wide Vision Caboose, scheme #1, *98-05*	69.95	___
(00245)	SOO Line Wide Vision Caboose, scheme #2, *98-05*	69.95	___
(00246)	Evans Building Materials Load, *97-98, 03*	9.95	___
(00247)	Gold Bond Building Material Load, white, *97-98*	9.95	___
(00248)	Gold Bond Building Material Load, red, *97-98*	9.95	___
(00249)	Johns Manville Building Material Load, *97-98*	9.95	___
(00250)	Masonite Building Material Load, *97-98*	9.95	___
(00251)	Plumb Creek Building Material Load, *97-98*	9.95	___
(00252)	United States Gypsum Building Material Load, *97-98*	9.95	___
(00253)	155# Rail Joiner/Connector, 12/pkg, *98-05*	4.95	___
(00254)	155# Rail Insulated Joiner/Connector, 12/pkg, *98-05*	2.95	___
(00255)	155# Rail Joiner/Connector w/ feeder wire, 12/pkg, *98-05*	7.95	___
(00256)	155#NS Track Set, 20" radius, 16 pieces, *98-05*	69.95	___
(00257)	155#NS 15" Straight Track, 6/box, *98-05*	36.95	___
(00258)	155#NS 10" Straight Track, 6/box, *98-05*	29.95	___

S-HELPER SERVICE 1994–2006

		Retail	Cond/$
(00259)	155#NS Curved Track, 20" radius, 30°, 6/box, *98-05*	29.95	___
(00260)	BN 53'6" Standard Flatcar "629052," scheme #2, *97-98*	39.95	___
(00261)	UP 53'6" Standard Flatcar "15082," scheme #2, *97-98*	39.95	___
(00262)	B&M 53'6" Trailer on Flatcar, "5205," 1998 NASG Conv. Car, *98*	59.95	___
(00263)	B&M 53'6" Standard Flatcar, "5202," *98*	39.95	___
(00264)	B&M 35' Vert. Post Trailer, "150," 1998 NASG Conv. Car, *98*	15.95	___
(00265)	36" Scale Wheelsets 4-pack, *94-99, 02*	3.95	___
(00266)	Milwaukee Road #1 Wide Vision Caboose, "992301," *98, 02-05*	69.95	___
(00267)	Milwaukee Road #2 Wide Vision Caboose, "992302," *98, 02-05*	69.95	___
(00268)	MEC Wide Vision Caboose, "671," 1998 Christmas Cab, *98*	69.95	___
(00269)	Montana Rail Link #1 Wide Vision Caboose	69.95	___
(00270)	Montana Rail Link #2 Wide Vision Caboose	69.95	___
(00271)	Unlettered-FB 3-bay Covered Hopper, *99, 04-05*	39.95	___
(00272)	AT&SF (GA-90) 3-bay Covered Hopper, "300171," *99, 02*	39.95	___
(00273)	BN 3-bay Covered Hopper, *99, 05*	39.95	___
(00274)	Chessie 3-bay Covered Hopper, "B&O 628031," *99*	39.95	___
(00275)	CB&Q 3-bay Covered Hopper, "85021," *99*	39.95	___
(00276)	C&NW 3-bay Covered Hopper, "435041," *99*	39.95	___
(00277)	Conrail 3-bay Covered Hopper, "883581," *99, 02-05*	39.95	___
(00278)	GN 3-bay Covered Hopper, "71971," *99*	39.95	___
(00279)	Erie Lackawanna 3-bay Covered Hopper, "21801," *99, 02-04*	39.95	___
(00280)	NYC 3-bay Covered Hopper, "883051," *99, 02, 05*	39.95	___
(00281)	UP 3-bay Covered Hopper, "1921," *99, 02*	39.95	___
(00282)	C&NW/ MStL (2) 2-bay Covered Hopper, *99, 02*	39.95	___
(00283)	Jack Frost 2-bay Covered Hopper, *99*	39.95	___
(00284)	LNE 2-bay Covered Hopper, "18101-200," *99, 02-04*	39.95	___
(00285)	MStL (NASG) 2-bay Covered Hopper, "70401-599," *99, 02*	39.95	___
(00286)	CSX (Central Soya) 2-bay Covered Hopper, "145-159," *99, 02*	39.95	___
(00287)	NAHX (poly-borate) #1, 2-bay Covered Hopper, "31067," *99*	39.95	___
(00288)	NAHX (poly-borate) #2, 2-bay Covered Hopper, "31067," *99*	39.95	___
(00289)	Engineer & Fireman, Painted Seated Figures, *98, 02-05*	5.95	___
(00290)	AC/DC Rev Unit w/ DCC SOC Diesel Part, *98, 02-05*	250	___

S-HELPER SERVICE 1994–2006

		Retail	Cond/$
(00291)	S-19 Radius 15° Curved Track, 6/box, *98-05*	26.95	___
(00292)	S-24 Radius 30° Curved Track, 6/box, *99-05*	34.95	___
(00293)	S-24 Radius 15° Curved Track, 6/box, *99-05*	27.95	___
(00294)	S-29 Radius 30° Curved Track, 6/box, *99-05*	36.95	___
(00295)	SW-9 coupler, AF-compatible, pair, *98, 04-05*	3.95	___
(00296)	29"-Radius 15-Degree Curve (6), *03-05*	CP	___
(00297)	5" Straight Track 6/box, *99-05*	24.95	___
(00298)	RC Switches #3 RH Track, *01-05*	CP	___
(00299)	RC Switcher #3 LH Track, *01-05*	CP	___
(00300)	AT&SF 53'6" Trailer on Flatcar, "92752," *98*	59.95	___
(00301)	B&O 53'6" Trailer on Flatcar, "8742," *98*	59.95	___
(00302)	Maine Central 53'6" Bulkhead Flatcar, "7712," *99, 02*	49.95	___
(00303)	CP/Speedway 53'6" Trailer on Flatcar, "505012," *98, 02-04*	59.95	___
(00304)	GN 53'6" Trailer on Flatcar, "60242," *98*	59.95	___
(00305)	NH/Yale 53'6" Trailer on Flatcar, "17343," *98, 02-05*	59.95	___
(00306)	PRR 53'6" Trailer on Flatcar, "92763," *98, 02-05*	59.95	___
(00307)	TTX/Carolina 53'6" Trailer on Flatcar, "475083," *98, 02-05*	59.95	___
(00308)	Rio Grande 53'6" Trailer on Flatcar, "500002," *98*	59.95	___
(00309)	UP 53'6" Standard Flatcar w/ excavator, "58073," *98*	39.95	___
(00310)	WM 53'6" Trailer on Flatcar, "7002," *98, 02-05*	59.95	___
(00311)	AT&SF 53'6" Standard Flatcar, "92752," *98*	39.95	___
(00312)	B&O 53'6" Standard Flatcar, "8742," *99*	39.95	___
(00313)	Maine Central 53'6" Standard Flatcar, "7712," *99*	39.95	___
(00314)	CP 53'6" Standard Flatcar, "505012," *98*	39.95	___
(00315)	GN 53'6" Standard Flatcar, "60062," *98*	39.95	___
(00316)	NH #3 53'6" Standard Flatcar, "17343," *98*	39.95	___
(00317)	PRR #3 53'6" Standard Flatcar, "92763," *98*	39.95	___
(00318)	D&RGW 53'6" Standard Flatcar, "500002," *98*	39.95	___
(00319)	UP #4 53'6" Standard Flatcar	39.95	___
(00320)	WM 53'6" Standard Flatcar, "7002," *98*	39.95	___
(00321)	AT&SF 35' Horizontal Corr. Trailer, *98*	15.95	___
(00322)	B&O 35' Horizontal Corr. Trailer, *99*	15.95	___
(00323)	Speedway 35' Horizontal Corr. Trailer, *98*	15.95	___
(00324)	GN 35' Horizontal Corr. Trailer, "G322," *98*	15.95	___
(00325)	Yale 35' Vertical Post Trailer, *98*	15.95	___
(00326)	PRR 35' Vertical Post Trailer, *98*	15.95	___
(00327)	Carolina 35' Vertical Post Trailer, *98*	15.95	___
(00328)	D&RGW 35' Horizontal Post Trailer, *98*	15.95	___
(00329)	UP #2 35' Horizontal Corr. Trailer	15.95	___
(00330)	WM 35' Vertical Post Trailer, *98*	15.95	___
(00331)	AT&SF #1 53'6" Bulkhead Flatcar, *98, 02-04*	49.95	___
(00332)	AT&SF #2 53'6" Bulkhead Flatcar, *98, 02-05*	49.95	___
(00333)	GN #1 53'6" Bulkhead Flatcar, "60342," *98, 02*	49.95	___
(00334)	GN #2 53'6" Bulkhead Flatcar, "60403," *98-05*	49.95	___
(00335)	IC #1 53'6" Bulkhead Flatcar, "5573," *98, 02-05*	49.95	___
(00336)	Soo Line #2 53'6" Bulkhead Flatcar, *98, 02-05*	49.95	___
(00337)	D&H 53'6" Bulkhead Flatcar "16502," *97-98*	49.95	___

S-HELPER SERVICE 1994–2006

		Retail	Cond/$
(00338)	WM/Chessie 53'6" Bulkhead Flatcar "WM 402," *97-98*	39.95	
(00339)	Santa Fe #2 53'6" Standard Flatcar, *97-98*	39.95	
(00340)	Great Northern #2 53'6" Standard Flatcar, "60403," *97-98*	39.95	
(00341)	Soo Line #2 53'6" Standard Flatcar, "5573," *97-98*	39.95	
(00342)	Delaware & Hudson 53'6" Standard Flatcar, "16502," *97-98*	39.95	
(00343)	WM/Chessie 53'6" Standard Flatcar, "WM 402," *97-98*	39.95	
(00344)	Santa Fe 3-car set, *97-98, 02*	99.95	
(00345)	C&NW 3-car set, *97-98*	99.95	
(00346)	GN #1 40' Rebuilt Steel Boxcar, "27001," *97-98*	39.95	
(00347)	GN #2 40' Rebuilt Steel Boxcar, "27792," *97-98*	39.95	
(00348)	MoPac #2 40' Rebuilt Steel Boxcar, *99*	39.95	
(00349)	MoPac #1 40' Rebuilt Steel Boxcar, *99*	39.95	
(00350)	NYC 3-Car set, *99, 02*	99.95	
(00351)	RS&P 40' Rebuilt Steel Boxcar, *99*	39.95	
(00352)	UP 3-Car set, *99, 02*	99.95	
(00353)	Ball Lines 40' Rebuilt Steel Boxcar, *99*	39.95	
(00354)	Gear Box, AF Comp Drivers, *98*	9.95	
(00355)	Gear Box, Code 110 Drivers, *98*	9.95	
(00356)	DCC Socket/DC Plug/AC pcb, *98, 05*	39.95	
(00357)	SW-9 Coupler, AF Compatible, bulk, *98*	3.95	
(00358)	Conductor and Brakeman, Painted Figures (Seated), *98, 04-05*	5.95	
(00359)	EVC Coupler, AF Compatible, pair, *98, 02-05*	2.95	
(00360)	10" Straight Track, Steel Rail, bulk	CP	
(00361)	S-19, 30" Straight Track, Steel Rail, bulk	CP	
(00362)	B&O #1, Diesel Cab, A&B Set, "82," *99-03*	499.95	
(00363)	B&O #2, Diesel Cab, A&B Set, "84," *99-04*	499.95	
(00364)	CB&Q #1, Diesel Cab, A&B Set, "161," *99-03*	499.95	
(00365)	CB&Q #2, Diesel Cab, A&B Set, "162," *99-05*	499.95	
(00366)	C&NW #1, Diesel Cab, A&B Set, "201," *99-04*	499.95	
(00367)	C&NW #2, Diesel Cab, A&B Set, "201," *99-05*	499.95	
(00368)	DL&W #1, Diesel Cab, A&B Set, "803A-B," *99-03*	499.95	
(00369)	DL&W #2, Diesel Cab, A&B Set, "805A-B," *99-05*	499.95	
(00370)	Maine Central #1, Diesel Cab, A&B Set, "671," *99-05*	499.95	
(00371)	Maine Central #2, Diesel Cab, A&B Set, "672," *99-05*	499.95	
(00372)	NYC #1, Diesel Cab, A&B Set, "3501," *99-03*	499.95	
(00373)	NYC #2, Diesel Cab, A&B Set, "3502," *99-03*	499.95	
(00374)	Southern #1, Diesel Cab, A&B Set, "4171/4353," *99-05*	499.95	
(00375)	Southern #2, Diesel Cab, A&B Set, "4172/4354," *99-05*	499.95	
(00376)	SP #1, Diesel Cab, A&B Set, "6100s," *99-05*	499.95	
(00377)	SP #2, Diesel Cab, A&B Set, "6100s," *99-05*	499.95	
(00378)	UP #1, Diesel Cab, A&B Set, "1400s," *99-05*	499.95	
(00379)	UP #2, Diesel Cab, A&B Set, "1400s," *99-05*	499.95	

S-HELPER SERVICE 1994–2006

		Retail	Cond/$
(00380)	WP #1, Diesel Cab, A&B Set, "801," *99-05*	499.95	___
(00381)	WP #2, Diesel Cab, A&B Set, "802," *99-05*	499.95	___
(00382)	Undecorated, Diesel Cab, A&B Set, *99*	499.95	___
(00383)	Barber EVC, RB code 110 Truck, *98, 02-05*	9.95	___
(00384)	Barber EVC, RB AF-Compatible Truck, *98, 02-05*	9.95	___
(00385)	NYC Frt. #1, Diesel Cab, A&B Set, "1600s," *99*	499.95	___
(00386)	NYC Frt. #2, Diesel Cab, A&B Set, "1600s," *99*	499.95	___
(00387)	UP, NMRA 1998 Convention Car, "15322," *98*	59.95	___
(00388)	Boise Cascade Wrapped Lumber Load, *98*	14.95	___
(00389)	Finlay Premium Wrapped Lumber Load, *98*	14.95	___
(00390)	Western Carrier Wrapped Lumber Load, *98*	14.95	___
(00391)	Weyerhaeuser Wrapped Lumber Load, *98*	14.95	___
(00392)	Pulpwood Load, *98, 02*	14.95	___
(00393)	AF Track Adaptor, 8/pkg, *00-05*	CP	___
(00394)	Bulb, 2.5-volt EVC 2/pkg, *01, 04-05*	CP	___
(00395)	Rail Joiner, insulated, yel. 12/pkg, *00-05*	CP	___
(00396)	AT&SF #2 PS-2 3-bay "300142," *00, 02-04*	39.95	___
(00397)	Burlington Northern #2 PS-2 3-bay "435409," *00*	39.95	___
(00398)	Chessie #2 PS-2 3-bay B&O "628182," *00, 02*	39.95	___
(00399)	CB&Q #2 PS-2 3-bay "85121," *00*	39.95	___
(00400)	Chicago Northwestern #2 PS-2 3-bay "95432," *00, 02*	39.95	___
(00401)	Conrail #2 PS-2 3-bay "883672," *00, 02-05*	39.95	___
(00402)	GN #2 PS-2 3-bay "71971," *00*	39.95	___
(00403)	Erie Lackawanna #2 PS-2 3-bay "21892," *00, 02*	39.95	___
(00404)	New York Central #2 PS-2 3-bay "883092," *00, 02-05*	39.95	___
(00405)	Union Pacific #2 PS-2 3-bay "19192," *00, 02*	39.95	___
(00406)	Constant Lighting, 2.5-volt elec., *00*	CP	___
(00407)	CNW/ M&StL #2 PS-2, *00, 02*	39.95	___
(00408)	LNE #2 PS-2 "18224," *00, 02-05*	39.95	___
(00409)	Central Soya (CSX) #2 PS-2 "145," *00, 02*	39.95	___
(00410)	Roscoe, Snyder & Pacific #2 RBLT "32," *00*	39.95	___
(00411)	Ball Lines #2 RBLT "1424," *00*	39.95	___
(00412)	CB&Q (black) #1 PS-2 3-bay "85000," *00*	39.95	___
(00413)	Jack Frost #2 PS-2 "331," *00*	39.95	___
(00414)	Cedar Heights Clay PS-2 "111," *00*	39.95	___
(00415)	Ann Arbor #1 (TCA) PS-2 "781," *00*	39.95	___
(00416)	Ann Arbor #2 (TCA) PS-2 "789," *00*	39.95	___
(00417)	M&StL #1 (NASG) PS-2 3-bay "71001," *00, 02*	39.95	___
(00418)	M&StL #2 (NASG) PS-2 3-bay "71033," *00, 02*	39.95	___
(00419)	M&StL #2 (NASG) PS-2 "70525," *00, 02*	39.95	___
(00420)	CB&Q (black) #2 PS-2 3-bay "85011," *00*	39.95	___
(00421)	Conrail SW-9 set, *00*	CP	___
(00422)	BN SW-9 set, *00*	CP	___
(00423)	AT&SF SW-9 6-car set, *00*	CP	___
(00424)	Chessie SW-9 set, *00*	CP	___
(00425)	NMRA 1999 Comm. Car USRA GSV "2084," *00*	59.95	___
(00426)	Chesapeake & Ohio #1 SW-9 "5093," *00-03*	199.95	___
(00427)	Chesapeake & Ohio #2 SW-9 "5084," *00-03*	199.95	___
(00428)	Great Northern #1 SW-9 "15," *00*	199.95	___
(00429)	Great Northern #2 SW-9 "14," *00*	199.95	___

S-HELPER SERVICE 1994–2006   Retail Cond/$

(00430)	D&RGW #1 SW-9 "133," *00-04*	199.95	___
(00431)	D&RGW #2 SW-9 "134," *00-04*	199.95	___
(00432)	ICG #1 SW-9 "1223," *00-05*	199.95	___
(00433)	ICG #2 SW-9 "1234," *00-05*	199.95	___
(00434)	Northern Pacific #1 SW-9 "133," *00-05*	199.95	___
(00435)	Northern Pacific #2 SW-9 "133," *00-05*	199.95	___
(00436)	UP (2nd sch) #1 SW-9 "1833," *00-02*	199.95	___
(00437)	UP (2nd sch) #2 SW-9 "1854," *00-02*	199.95	___
(00438)	Unlettered SW-1, *00*	CP	___
(00439)	Boston & Maine #1 SW-1 "1113," *00-02*	CP	___
(00440)	Boston & Maine #2 SW-1 "1114," *00-02*	CP	___
(00441)	Chessie System #1 SW-1 B&O "8403," *00-03*	CP	___
(00442)	Chessie System #2 SW-1 B&O "8414," *00-03*	CP	___
(00443)	C&NW #1 SW-1 "1213," *00-02*	CP	___
(00444)	C&NW #2 SW-1 "1214," *00-02*	CP	___
(00445)	WP #1 SW-1 "5103," *00-05*	CP	___
(00446)	WP #2 SW-1 "5104," *00-05*	CP	___
(00447)	Milwaukee Road #1 SW-1 "1613," *00-05*	CP	___
(00448)	Milwaukee Road #2 SW-1 "1634," *00-05*	CP	___
(00449)	PRR #1 SW-1 "5953," *00-03*	CP	___
(00450)	PRR #2 SW-1 "5944," *00-05*	CP	___
(00451)	Seaboard SW-1 "1200," *00-03*	CP	___
(00452)	Soo Line SW-1 "320," *00-03*	CP	___
(00453)	Lehigh Valley #1 SW-1, *00*	CP	___
(00454)	Lehigh Valley #2 SW-1, *00*	CP	___
(00455)	SP #1 SW-1 "1013," *00-05*	CP	___
(00456)	SP #2 SW-1 "1004," *00-05*	CP	___
(00457)	C&O SW-9 set, *00*	CP	___
(00458)	Conrail SW-9 set, *00*	CP	___
(00459)	D&RGW SW-9 set, *00*	CP	___
(00460)	GN SW-9 set, *00*	CP	___
(00461)	ICG SW-9 set, *00*	CP	___
(00462)	NP SW-9 set, *00*	CP	___
(00463)	RH No. 3 Manual Switches, *02-05*	CP	___
(00464)	LH No. 3 Manual Switches, *02-05*	CP	___
(00465)	40" Flextrack (6), *02-05*	CP	___
(00466)	40" Flextrack (24), *02-05*	CP	___
(00467)	90° Crossing set, *02*	CP	___
(00468)	Bumper on 5" Straight Track (2), *02-05*	CP	___
(00469)	Flatcar w/ John Deere Combine, *03*	CP	___
(00470)	Flatcar w/ IH Harvestor with Combine, *03*	CP	___
(00471)	Flatcar w/ John Deere Log Skidder, *03-05*	CP	___
(00472)	Flatcar w/ John Deere Backhoe and Front-End Loader, *03, 05*	CP	___
(00473)	Flatcar w/ John Deere Bulldozers, *03, 05*	CP	___
(00474)	PRR PS-2 Two-Bay Covered Hopper, 1, *03-05*	CP	___
(00475)	PRR PS-2 Two-Bay Covered Hopper, 2, *03-05*	CP	___
(00476)	Unlettered Refrigerator Car, *00-01*	CP	___
(00477)	Unlettered yellow Refrigerator Car, *00-01, 04-05*	CP	___
(00478)	Unlettered orange Refrigerator Car, *00-01, 04-05*	CP	___
(00479)	ART #1 Refrigerator Car, *00*	CP	___
(00480)	ART #2 Refrigerator Car, *00*	CP	___

S-HELPER SERVICE 1994–2006

		Retail	Cond/S
(00481)	AT&SF "Grande Canyon" Refrigerator Car, *01*	CP	___
(00482)	AT&SF "El Capitan" Refrigerator Car, *00*	CP	___
(00483)	BREX #1 Refrigerator Car, *01*	CP	___
(00484)	BREX #2 Refrigerator Car, *01*	CP	___
(00485)	FBX Robin Hood Beer #1 Refrigerator Car, *00*	CP	___
(00487)	GSBV Gerber #1 Refrigerator Car, *00*	CP	___
(00488)	SW Starter Boxed set, *00-01*	CP	___
(00489)	LV#1 Refrigerator Car, *01*	CP	___
(00490)	LV#2 Refrigerator Car, *01*	CP	___
(00491)	NWX gray #1 Refrigerator Car, *01-02*	CP	___
(00492)	NWX gray #2 Refrigerator Car, *01*	CP	___
(00493)	NWX green/yellow #1 Refrigerator Car, *00*	CP	___
(00494)	NWX green/yellow #2 Refrigerator Car, *00*	CP	___
(00495)	MDT #1 Refrigerator Car, *00*	CP	___
(00496)	MDT #2 Refrigerator Car, *00*	CP	___
(00497)	PGE 2000 Christmas Refrigerator Car, *00*	CP	___
(00498)	PFE #1 Refrigerator Car, *00*	CP	___
(00499)	PFE #2 Refrigerator Car, *00*	CP	___
(00500)	TUX Tivoli Beer #1 Refrigerator Car, *01-02*	CP	___
(00502)	URT A&P #1 Refrigerator Car, *00*	CP	___
(00504)	UTLX Heidelberg #1 Refrigerator Car, *00*	CP	___
(00506)	Chateau Martin #1 Refrigerator Car, *00*	CP	___
(00507)	Chateau Martin #2 Refrigerator Car, *00*	CP	___
(00508)	Chateau Martin #3 Refrigerator Car, *00*	CP	___
(00509)	CUVA #1 PS, *00*	CP	___
(00510)	CUVA #2 PS, *00*	CP	___
(00511)	Flatcar w/ John Deere excavator, *00-01, 04-05*	CP	___
(00512)	Flatcar w/ assorted Bobcats, *00*	CP	___
(00513)	Berghoff Beer Refrigerator Car, *00*	CP	___
(00514)	Wilson Car Lines Refrigerator Car, *00*	CP	___
(00515)	Zion Figs Refrigerator Car, *00*	CP	___
(00516)	Ballantine Beer #1 Refrigerator Car, *00*	CP	___
(00517)	Ballantine Beer #2 Refrigerator Car, *00*	CP	___
(00518)	Parrot Potatoes Refrigerator Car, *00*	CP	___
(00519)	S Gaugian 40th Rebuilt Boxcar, *00*	CP	___
(00520)	B&O 467434 Timesaver Rebuilt Boxcar, *00*	CP	___
(00521)	PRR Merchandise Service Rebuilt Boxcar, *00*	CP	___
(00522)	GN vermillion #2 Rebuilt Boxcar, *00*	CP	___
(00523)	GN vermillion #1 Rebuilt Boxcar, *00*	CP	___
(00524)	B&O 467109 Timesaver Rebuilt Boxcar, *00*	CP	___
(00525)	IGA #1 Refrigerator Car, *00*	CP	___
(00526)	IGA #2 Refrigerator Car, *00*	CP	___
(00527)	Narragansett #1 Refrigerator Car, *00*	CP	___
(00528)	Narragansett #2 Refrigerator Car, *00*	CP	___
(00529)	Flatcat w/ New Holland Grinder Mixers (3), *00, 04-05*	CP	___
(00530)	Terra Gator Dry Fert SFC load, *01*	CP	___
(00531)	Terra Gator Liquid SFC load, *01, 04*	CP	___
(00532)	Flatcar w/ John Deere Skid Loaders (4), *01, 05*	CP	___
(00533)	TO Contr. w/ 2 wires 4+2, *01-05*	CP	___
(00534)	TO Extension 4-wire, 3/pkg., *01-05*	CP	___
(00535)	BHFC Pipe Load, *00, 02*	CP	___

S-HELPER SERVICE 1994–2006   Retail   Cond/$

(00536)	ICG Switcher 4-car set, *00*	CP	___
(00537)	Soo Switcher 5-car set, *00*	CP	___
(00538)	MILW Switcher 5-car set, *00*	CP	___
(00539)	GN Switcher 6-car set, *00*	CP	___
(00540)	Seaboard Switcher 6-car set, *00*	CP	___
(00541)	CB&Q F Unit 6-car set, *01*	CP	___
(00542)	Unlettered Double-sheathed Boxcar, *01, 04*	CP	___
(00543)	Atlantic Coast Line Double-sheathed bxcr, *01-05*	CP	___
(00544)	BM Line Double-sheathed Boxcar, *01-05*	CP	___
(00545)	CNW Double-sheathed Boxcar, *01-05*	CP	___
(00546)	D&LW Double-sheathed Boxcar, *01-02*	CP	___
(00547)	GN Double-sheathed Boxcar, *01-02*	CP	___
(00548)	NYC Double-sheathed Boxcar, *01-04*	CP	___
(00549)	TH&B Double-sheathed Boxcar, *01-02*	CP	___
(00550)	Union Pacific Double-sheathed Boxcar, *01-04*	CP	___
(00551)	IH Harvestor w/ corn load, *01*	CP	___
(00552)	Locomatic 10-button Controller, *01-05*	CP	___
(00553)	CNW Standard Flatcar #1, *01-02*	CP	___
(00554)	M&StL Standard Flatcar, *01-02*	CP	___
(00555)	C&NW #2 Standard Flatcar, *01*	CP	___
(00556)	Conrail #1 Standard Flatcar, *01-05*	CP	___
(00557)	Conrail #2 Standard Flatcar, *01-05*	CP	___
(00558)	Grand Truck Western #1 Standard Flatcar, *01-05*	CP	___
(00559)	Grand Truck Western #2 Standard Flatcar, *01-05*	CP	___
(00560)	Reading #1 Standard Flatcar, *01-02*	CP	___
(00561)	Reading #2 Standard Flatcar, *01-02*	CP	___
(00562)	Union Pacific #1 Standard Flatcar, *01-02*	CP	___
(00563)	Union Pacific #2 Standard Flatcar, *01-02*	CP	___
(00564)	NP Christmas 2001 Double-sheathed Boxcar, *01*	CP	___
(00565)	Bulb 12.0-volt 40ma TO 2/pkg., *01-05*	CP	___
(00566)	PFE #1 orange Refrigerator Car, *01*	CP	___
(00567)	PFE #2 orange Refrigerator Car, *01*	CP	___
(00568)	LRX #1 Lackawanna reefer (2001 NASG), *01*	CP	___
(00569)	LRX #2 Refrigerator Car, *01*	CP	___
(00570)	Baby Ruth #1 Refrigerator Car, *01-02*	CP	___
(00571)	Baby Ruth #2 Refrigerator Car, *01-02*	CP	___
(00572)	Ralston Refrigerator Car, *01*	CP	___
(00573)	BAR #1 Refrigerator Car, *01*	CP	___
(00574)	BAR #2 Refrigerator Car, *01*	CP	___
(00575)	MP TNO&M #1 Rebuilt, *01-02*	CP	___
(00576)	MP TNO&M #2 Rebuilt, *01-02*	CP	___
(00577)	C&NW CStP&O #1 Rebuilt, *01-02*	CP	___
(00578)	C&NW CStP&O #2 Rebuilt, *01-04*	CP	___
(00579)	CGW "C" Rebuilt, *01*	CP	___
(00580)	CGW "SL" Rebuilt, *01*	CP	___
(00581)	CGW "DF" Rebuilt, *01*	CP	___
(00582)	CGW "DFb" Rebuilt, *01*	CP	___
(00583)	Dutch Cleanser #1 Refrigerator Car, *01*	CP	___
(00584)	Land O' Lakes #1 Refrigerator Car, *01*	CP	___
(00585)	Land O' Lakes #2 Refrigerator Car, *01*	CP	___
(00586)	John Deere 430 Crawler (4) load, *01*	CP	___
(00587)	Switch Stand w/ marker light part, *01-05*	CP	___

S-HELPER SERVICE 1994–2006

		Retail	Cond/$
(00588)	Coupler, F3 short-shank KD-style, *01-05*	2.95	___
(00589)	NH Skidsteers (4) load, *01-04*	CP	___
(00590)	JD Wheel Loader (1) load, *01, 05*	CP	___
(00591)	John Deere Grader (1) load, *01, 05*	CP	___
(00592)	Dutch Cleanser #2 Refrigerator Car, *01*	CP	___
(00593)	Chessie #3 E/V Caboose, *01-05*	69.95	___
(00594)	Chessie #4 E/V Caboose, *01-05*	69.95	___
(00595)	Chessie Safety Special E/V Caboose, *01-05*	69.95	___
(00596)	C&NW #3 E/V Caboose, *01-05*	69.95	___
(00597)	C&NW #4 E/V Caboose, *01-05*	69.95	___
(00598)	MEC (scheme #2) #1 E/V Caboose, *01-04*	69.95	___
(00599)	RDG #1 E/V Caboose, *01-05*	69.95	___
(00600)	RDG #2 E/V Caboose, *01-05*	69.95	___
(00601)	Rock Island #1 E/V Caboose, *01-05*	69.95	___
(00602)	Rock Island #2 E/V Caboose, *01-05*	69.95	___
(00603)	AT&SF #4 E/V Caboose, *01-05*	69.95	___
(00604)	AT&SF #3 E/V Caboose, *01-05*	69.95	___
(00605)	CGW "C" blue Rebuilt, *01*	CP	___
(00606)	CGW "SL" blue Rebuilt, *01*	CP	___
(00607)	CGW "DF" blue Rebuilt, *01*	CP	___
(00608)	CGW "DFB" blue Rebuilt, *01*	CP	___
(00609)	CAT 609 Scraper, *01*	CP	___
(00610)	Kahn's #1 Rebuilt, *01*	CP	___
(00611)	Kahn's #2 Rebuilt, *01*	CP	___
(00612)	B&O F3 Ph2 A #1, *01*	CP	___
(00613)	B&O F3 Ph2 A #2, *01*	CP	___
(00614)	CB&Q F3 Ph2 A #1, *01*	CP	___
(00615)	CB&Q F3 Ph2 A #2, *01*	CP	___
(00616)	C&NW F3 Ph2 A #1, *01*	CP	___
(00617)	C&NW #2 F, *01*	CP	___
(00618)	DL&W F3 Ph2 A #1, *01*	CP	___
(00619)	DL&W F3 Ph2 A #2, *01*	CP	___
(00620)	MEC F3 Ph2 A #1, *01*	CP	___
(00621)	MEC F3 Ph2 A #2, *01*	CP	___
(00622)	NYC F3 Ph2 A pass #1, *01*	CP	___
(00623)	NYC F3 Ph2 A pass #2, *01*	CP	___
(00624)	Southern F3 Ph2 A #1, *01*	CP	___
(00625)	Southern F3 Ph2 A #2, *01*	CP	___
(00626)	SP F3 Ph2 A #1, *01*	CP	___
(00627)	SP F3 Ph2 A #2, *01*	CP	___
(00628)	UP F3 Ph2 A #1, *01*	CP	___
(00629)	UP F3 Ph2 A #2, *01*	CP	___
(00630)	WP F3 Ph2 A #1, *01*	CP	___
(00631)	WP F3 Ph2 A #2, *01*	CP	___
(00632)	Und F3 Ph2 A, *01*	CP	___
(00633)	NYC F3 Ph2 A frt #1, *01*	CP	___
(00634)	NYC F3 Ph2 A frt #2, *01*	CP	___
(00635)	B&O F3 Ph2 B #1, *01*	CP	___
(00636)	B&O F3 Ph2 B #2, *01*	CP	___
(00637)	CB&Q F3 Ph2 B #1, *01*	CP	___
(00638)	CB&Q F3 Ph2 B #2, *01*	CP	___
(00639)	C&NW F3 Ph2 B #1, *01*	CP	___

S-HELPER SERVICE 1994–2006   Retail Cond/$

(00640)	C&NW F3 Ph2 B #2, *01*	CP	___
(00641)	D&LW F3 Ph2 B #1, *01*	CP	___
(00642)	D&LW F3 Ph2 B #2, *01*	CP	___
(00643)	MEC F3 Ph2 B #1, *01*	CP	___
(00644)	MEC F3 Ph2 B #2, *01*	CP	___
(00645)	NYC F3 Ph2 B pass #1, *01*	CP	___
(00646)	NYC F3 Ph2 B pass #2, *01*	CP	___
(00647)	Southern F3 Ph2 B #1, *01*	CP	___
(00648)	Southern F3 Ph2 B #2, *01*	CP	___
(00649)	SP F3 Ph2 B #1, *01*	CP	___
(00650)	SP F3 Ph2 B #2, *01*	CP	___
(00651)	UP F3 Ph2 B #1, *01*	CP	___
(00652)	UP F3 Ph2 B #2, *01*	CP	___
(00653)	WP F3 Ph2 B #1, *01*	CP	___
(00654)	WP F3 Ph2 B #2, *01*	CP	___
(00655)	Und F3 Ph2 B, *01*	CP	___
(00656)	NYC F3 Ph2 B frt #1, *01*	CP	___
(00657)	NYC F3 Ph2 B frt #2 B239, *01*	CP	___
(00658)	Brookside Milk Refrigerator Car, *03*	CP	___
(00659)	Saval BAF "003A" Refrigerator Car, *03*	CP	___
(00660)	Metal Rail Joiners (36) Track, *01, 04-05*	CP	___
(00661)	PRR MS Xm Rebuilt, *01-02*	CP	___
(00662)	GN orange/green #1 Rebuilt, *01-02*	CP	___
(00663)	GN orange/green #1 Rebuilt, *01-02*	CP	___
(00664)	33" wheels Caboose 4/set parts, *01*	CP	___
(00665)	Speaker, 36mm-dia parts, *01*	CP	___
(00666)	Chessie Switcher 6-car set, *01-02*	CP	___
(00667)	MU Cables (pair) parts, *01*	CP	___
(00668)	Gearbox code 110, *01*	CP	___
(00669)	Gearbox code AF-comp., *01*	CP	___
(00670)	5" Induction Coil (uncoupler) Track, *02-04*	CP	___
(00671)	5" Third Rail (accessory track), *01-04*	CP	___
(00672)	CAT D6R XL Bulldozer (2) loads, *01-02*	CP	___
(00673)	CAT D25D Art. Truck loads, *01-05*	CP	___
(00674)	CAT 950F Wheel Loader loads, *01-02*	CP	___
(00675)	CAT 12G Grader loads, *01-02*	CP	___
(00676)	CAT Challenger Tractor (2) loads, *01-04*	CP	___
(00677)	CAT Boom Sprayer set loads, *01-05*	CP	___
(00678)	CAT Simonsen Spreader set loads, *01-04*	CP	___
(00679)	CAT Knight Slinger set loads, *01-04*	CP	___
(00680)	CAT D6R Bulldozer (2) loads, *01-05*	CP	___
(00681)	CAT 611 Scraper loads, *01*	CP	___
(00682)	PFE orange #1 Refrigerator Car, 3-car set, *01-02*	CP	___
(00683)	BREX #1 Refrigerator Car, 3-car set, *01-02*	CP	___
(00684)	NWX yellow/green #1 Reefer, 3-Pack, *01-02*	CP	___
(00685)	ART #1 Refrigerator Car, 3-car set, *01*	CP	___
(00686)	NP #1 Refrigerator Car, *01-02*	CP	___
(00687)	NP #2 Refrigerator Car, *01, 04*	CP	___
(00688)	AT&SF (JH) Rebuilt, *01*	CP	___
(00689)	Boston & Maine (JH) Rebuilt, *01*	CP	___
(00690)	Rio Grande white Rebuilt, *01*	CP	___
(00691)	Rio Grande aluminum Rebuilt, *01*	CP	___

S-HELPER SERVICE 1994–2006   Retail   Cond/$

(00692)	C&NW SW 5-car set, *01*	CP	___
(00693)	C&NW F 6-car set, *01-02*	CP	___
(00694)	MEC F 5-car set, *01-02*	CP	___
(00695)	FGE #1 Refrigerator Car, 3-car set, *01-02*	CP	___
(00697)	Edelweiss Beer 40' Wood Refrigerator Car, *02*	CP	___
(00698)	Kraft Cheese 40' Wood Refrigerator Car, *02*	CP	___
(00699)	CN 40' Wood Refrigerator Car, *02*	CP	___
(00700)	CN 40' Wood Refrigerator Car, *02*	CP	___
(00701)	B&M 40' Rebuilt Boxcar, 1, *03*	CP	___
(00702)	B&M 40' Rebuilt Boxcar, 2, *03*	CP	___
(00703)	AT&SF "Shock Control" 40' Rebuilt Boxcar 1, *03*	CP	___
(00704)	AT&SF "Shock Control" 40' Rebuilt Boxcar 2, *03*	CP	___
(00706)	D&RGW "Cookie Box" 40' Rebuilt Boxcar (white), 2, *03*	CP	___
(00707)	D&RGW "Cookie Box" 40' Rebuilt Boxcar (Silver), 1, *03*	CP	___
(00708)	D&RGW "Cookie Box" 40' Rebuilt Boxcar (Silver), 2, *03*	CP	___
(00709)	Central of Georgia 40' Rebuilt Boxcar, 1, *03*	CP	___
(00709)	CB&Q F3A Diesel 6-Car Freight Set, *03*	CP	___
(00710)	Central of Georgia 40' Rebuilt Boxcar, 2, *03*	CP	___
(00713)	NP SW9 Diesel 4-Car Freight Set, *03*	CP	___
(00714)	Milwaukee Road SW1 Diesel 5-car Freight Set, *02*	CP	___
(00715)	CB&Q F3 Diesel 6-car Freight set, *02*	CP	___
(00716)	Santa Fe 40' Wood Refrigerator Car, *02*	CP	___
(00717)	Undecorated 40' Wood Refrigerator Car, red, *02-05*	CP	___
(00720)	Saval BAF "00313" Refrigerator Car, *03*	CP	___
(00721)	B&O 40' Steel Rebuilt Boxcar "467448," *02*	CP	___
(00722)	B&O 40' Steel Rebuilt Boxcar "467153," *02*	CP	___
(00723)	Undecorated Ore Car, black, *02-05*	CP	___
(00724)	Undecorated Ore Car, red, *02-05*	CP	___
(00725)	DM&IR Ore Car, *02-05*	CP	___
(00726)	DM&IR Ore Car 3-pack, *02-05*	CP	___
(00727)	B&LE Ore Car, *02-05*	CP	___
(00728)	B&LE Ore Car 3-pack, *02-05*	CP	___
(00729)	CN Ore Car, *02-05*	CP	___
(00730)	CN Ore Car 3-pack, *02-05*	CP	___
(00731)	CP Ore Car, *02-05*	CP	___
(00732)	CP Ore Car 3-pack, *02-05*	CP	___
(00733)	C&NW Ore Car, *02-03*	CP	___
(00734)	C&NW Ore Car 3-Pack, *02-03*	CP	___
(00735)	GN Ore Car, *02-05*	CP	___
(00736)	GN Ore Car 3-Pack, *02-04*	CP	___
(00737)	Milwaukee Road Ore Car, *02-05*	CP	___
(00738)	Milwaukee Road Ore Car 3-Pack, *02-05*	CP	___
(00739)	Soo Line Ore Car, *02-03*	CP	___
(00740)	Soo Line Ore Car 3-Pack, *02-03*	CP	___
(00741)	SP Ore Car, *02-05*	CP	___
(00742)	SP Ore Car 3-Pack, *02-05*	CP	___
(00743)	UP Ore Car, *02-05*	CP	___
(00744)	UP Ore Car 3-Pack, *02-05*	CP	___

S-HELPER SERVICE 1994–2006   Retail Cond/S

(00745)	DCC SoundTrax Sound Decoder, *02-05*	CP	___
(00746)	Santa Fe 40' Steel Rebuilt Boxcar "14893," *02-03*	CP	___
(00747)	C&NW 40' Steel Rebuilt Boxcar "65262," *02-03*	CP	___
(00748)	NYC (P&LE) 40' Steel Rebuilt Boxcar "36203," *02-03*	CP	___
(00749)	UP 40' Steel Rebuilt Boxcar "20442," *02-03*	CP	___
(00752)	NYC (Michigan Central) 40' Single-Sheathed Wood Boxcar "80912," *02-03*	CP	___
(00755)	C&NW 40' Stockcar "14793+B247," *02-03*	CP	___
(00756)	NYC (CCC&StL) 40' Stockcar "20442," *02-03*	CP	___
(00757)	UP 40' Stockcar "48216," *02-03*	CP	___
(00758)	Unlet. 55-Ton Twin Hopper Car (Black), *04-05*	CP	___
(00759)	Unlet. 55-Ton Twin Hopper (Red), *04-05*	CP	___
(00760)	Ann Arbor 55-Ton Twin Hopper Car 3-Pk, *02-05*	CP	___
(00761)	Ann Arbor 55-Ton Twin Hopper Car, *02-05*	CP	___
(00762)	Santa Fe 55-Ton Twin Hopper Car 3-Pack, *02-05*	CP	___
(00763)	Santa Fe 55-Ton Twin Hopper Car, *02-05*	CP	___
(00764)	B&O 55-Ton Twin Hopper Car 3-Pack, *02-03*	CP	___
(00765)	B&O 55-Ton Twin Hopper Car, *02-03*	CP	___
(00766)	C&O 55-Ton Twin Hopper Car 3-Pack, *02-03*	CP	___
(00767)	C&O 55-Ton Twin Hopper Car, *02-03*	CP	___
(00768)	CB&Q 55-Ton Twin Hopper Car 3-Pack, *02-03*	CP	___
(00769)	CB&Q 55-Ton Twin Hopper Car, *02-03*	CP	___
(00770)	LV 55-Ton Twin Hopper Car 3-Pack, *02-05*	CP	___
(00771)	LV 55-Ton Twin Hopper Car, *02-05*	CP	___
(00773)	Clinchfield 55-Ton Twin Hopper Car, *03-05*	CP	___
(00776)	NKP 55-Ton Twin Hopper Car 3-Pack, *02-05*	CP	___
(00777)	NKP 55-Ton Twin Hopper Car, *02-05*	CP	___
(00780)	Virginian 55-Ton Twin Hopper Car 3-Pack, *02-05*	CP	___
(00781)	Virginian 55-Ton Twin Hopper Car, *02-05*	CP	___
(00782)	Wabash 55-Ton Twin Hopper Car 3-Pack, *02-05*	CP	___
(00783)	Wabash 55-Ton Twin Hopper Car, *02-05*	CP	___
(00784)	RH No. 6 Remote Control Switches, *02-04*	CP	___
(00785)	LH No. 6 Remote Control Switches, *02-04*	CP	___
(00786)	RH No. 6 Manual Switches, *02-04*	CP	___
(00787)	LH No. 6 Manual Switches, *02-04*	CP	___
(00788)	Feeder Wire Terminal (24), *02-04*	CP	___
(00789)	DCC F3 Wire Harness, *02-04*	CP	___
(00790)	DCC F3 Wire Harness, *02-04*	CP	___
(00791)	DCC Sound Manual, *02-04*	CP	___
(00792)	RH No. 5 Remote Control Switches, *02-04*	CP	___
(00793)	LH No. 5 Remote Control Switches, *02-04*	CP	___
(00794)	RH No. 5 Manual Switches, *02-04*	CP	___
(00795)	LH No. 5 Manual Switches, *02-04*	CP	___
(00801)	Borden's 40' Billboard Refrigerator Car, *03*	CP	___
(KO-802)	Kadee 802 Coupler w/ Screws (2), *02-03, 05*	CP	___
(00804)	Swift 40' Billboard Refrigerator Car 3-Pack, *03*	CP	___
(00808)	Frisco 40' Boxcar 3-Pack, *03*	CP	___
(00810)	Santa Fe EMD F7 Passenger A Unit "206," *03-05*	CP	___
(00811)	Santa Fe EMD F7 Freight A Unit "206L," *03-05*	CP	___
(00812)	Santa Fe EMD F7 Freight Diesel #1, *04-05*	CP	___
(00813)	Santa Fe EMD F7 Freight Diesel #2, *04-05*	CP	___

S-HELPER SERVICE 1994–2006   Retail   Cond/S

(00814)	B&M EMD F7 A Unit "4265," *03-05*	CP	___
(00815)	B&M EMD F7 A Unit #2, *04-05*	CP	___
(00816)	D&RGW EMD F7 A Unit "5554," *03-05*	CP	___
(00817)	D&RGW EMD F7 A Unit #2, *04-05*	CP	___
(00818)	GN EMD F7 A Unit "454-D," *03-05*	CP	___
(00820)	MP EMD F7 A Unit "587," *03-05*	CP	___
(00821)	MP EMD F7 A Unit #2, *04-05*	CP	___
(00822)	Pennsylvania EMD F7 A Unit "3654," *03-05*	CP	___
(00823)	PRR EMD F7 A Unit #2, *04-05*	CP	___
(00825)	Santa Fe EMD F7 Passenger B Unit, *03*	CP	___
(00826)	Santa Fe EMD F7 Freight B Unit, *03*	CP	___
(00829)	B&M EMD F7 B Unit, *03*	CP	___
(00831)	D&RGW EMD F7 B Unit, *03*	CP	___
(00833)	GN EMD F7 B Unit, *03*	CP	___
(00835)	MP EMD F7 B Unit, *03*	CP	___
(00837)	Pennsylvania EMD F7 B Unit, *03*	CP	___
(00923)	Kahn's 40' Billboard Refrigerator Car, 1, *03-05*	CP	___
(00924)	Kahn's 40' Billboard Refrigerator Car, 2, *03-05*	CP	___
(00925)	Control Button, *03*	CP	___
(00926)	Unlighted 5" Bumper, *03-05*	CP	___
(00966)	CNJ PS-2 Two-Bay Covered Hopper, *03-05*	CP	___
(00972)	Jack Frost PS-2 Three-Bay Covered Hopper, *03-05*	CP	___
(00973)	G&W PS-2 Three-Bay Covered Hopper, 1, *03-05*	CP	___
(00974)	G&W PS-2 Three-Bay Covered Hopper, 2, *03-05*	CP	___
(00975)	Reading PS-2 Three-Bay Cvrd Hopper, 1, *03-05*	CP	___
(00976)	Reading PS-2 Three-Bay Cvrd Hopper, 2, *03-05*	CP	___
(00977)	Wabash PS-2 Three-Bay Cvrd Hopper, 1, *03-05*	CP	___
(00978)	Wabash PS-2 Three-Bay Cvrd Hopper, 2, *03-05*	CP	___
(00980)	Unlettered Side-Panel Hopper, Black, *03-05*	CP	___
(00981)	Unlettered Side-Panel Hopper, Red, *03-05*	CP	___
(00982)	Anderson Side-Panel Hopper, 1, 3-Pack, *03*	CP	___
(00983)	Anderson Side-Panel Hopper, 4, *03*	CP	___
(00984)	Ann Arbor Side-Panel Hopper, 1, 3-Pack, *03-05*	CP	___
(00985)	Ann Arbor Side-Panel Hopper, 4, *03-05*	CP	___
(00986)	C&O Side-Panel Hopper, 1, 3-Pack, *03*	CP	___
(00987)	C&O Side-Panel Hopper, 4, *03*	CP	___
(00988)	Frisco Side-Panel Hopper, 1, 3-Pack, *03-05*	CP	___
(00989)	Frisco Side-Panel Hopper, 4, *03-05*	CP	___
(00990)	D&H Side-Panel Hopper, 1, 3-Pack, *03-05*	CP	___
(00991)	D&H Side-Panel Hopper, red, 4, *03-05*	CP	___
(00992)	NYC 55-Ton Side-Panel Hopper Car (Black) 3-pack, *04-05*		___
(00993)	NYC 55-Ton Side-Panel Hopper (Black), *04-05*	CP	___
(00994)	NYC Side-Panel Hopper, red, 1, 3-Pack, *03-05*	CP	___
(00995)	NYC Side-Panel Hopper, 4, *03-05*	CP	___
(00996)	NH Side-Panel Hopper, 1, *03-05*	CP	___
(00997)	Pennsylvania Side-Panel Hopper, 1, *03-05*	CP	___
(00998)	Wabash Side-Panel Hopper, 1, 3-Pack, *03-05*	CP	___
(00999)	Wabash Side-Panel Hopper, 4, *03-05*	CP	___
(01000)	PFE 40' Billboard Refrigerator Car, 1, *03-04*	CP	___
(01001)	PFE 40' Billboard Refrigerator Car, 2, *03-04*	CP	___
(01002)	ART/MP 40' Billboard Refrigerator Car, 1, *03-05*	CP	___

S-HELPER SERVICE 1994–2006

		Retail	Cond/$
(01003)	ART/MP 40' Billboard Refrigerator Car, 2, *03-05*	CP	___
(01004)	Northern Refrigerator Car #1, *03-04*	CP	___
(01005)	Northern Refrigerator Car #2, *03-04*	CP	___
(01006)	Northern Refrigerator Banana Car, *03-05*	CP	___
(01007)	Schlitz Beer 40' Billboard Refrigerator Car, 03, *03*	CP	___
(01008)	MP 40' Steel "Rebuilt" Boxcar, 1, *03-05*	CP	___
(01009)	MP 40' Steel "Rebuilt" Boxcar, 2, *03-05*	CP	___
(01010)	CN 40' Steel "Rebuilt" Boxcar, 1, *03-05*	CP	___
(01011)	CN 40' Steel "Rebuilt" Boxcar, 2, *03-05*	CP	___
(01012)	Seaboard 40' Steel "Rebuilt" Boxcar, Orange Blossom Special, *03*	25	___
(01013)	Seaboard 40' Steel "Rebuilt" Boxcar, Silver Meteor, *03-04*	CP	___
(01014)	AT&SF 40' Steel "Rebuilt" Super Chief, *03-05*	CP	___
(01015)	FGEX 40' Billboard Refrigerator Car #1, *03-05*	CP	___
(01016)	FGEX 40' Billboard Refrigerator Car, 1, *03-05*	CP	___
(01017)	Century Beer 40' Billboard Refrigerator Car, *03*	CP	___
(01018)	Burlington Route 40' Rebuilt Boxcar, 1, *03*	CP	___
(01019)	Burlington Route 40' Rebuilt Boxcar, 2, *03*	CP	___
(01020)	State of Maine BAR 40' Rebuilt Boxcar, *03*	CP	___
(01021)	State of Maine NH 40' Rebuilt Boxcar, *03*	CP	___
(01022)	L&N "Dixie" 40' Rebuilt Boxcar, 1, *03*	CP	___
(01023)	L&N "Dixie" 40' Rebuilt Boxcar, 2, *03*	CP	___
(01024)	WP 40' Rebuilt Boxcar, 1, *03*	CP	___
(01025)	WP 40' Rebuilt Boxcar, 2, *03*	CP	___
(01026)	PRR/DF 40' Rebuilt Boxcar, 1, *03*	CP	___
(01027)	PRR/DF 40' Rebuilt Boxcar, 2, *03*	CP	___
(01028)	NYC Pacemaker 40' Rebuilt Boxcar, 1, *03*	CP	___
(01029)	NYC Pacemaker 40' Rebuilt Boxcar, 2, *03*	CP	___
(01030)	NYC Pacemaker 40' Rebuilt Boxcar, 3, *03*	CP	___
(01031)	Unlettered CVSGA 40' Rebuilt Boxcar, *03*	CP	___
(01032)	Tipo Wine Refrigerator Car, 1, *03*	CP	___
(01033)	Tipo Wine Refrigerator Car, 2, *03*	CP	___
(01034)	Santa Fe F7 Diesel 6-Car Freight Set, *03*	CP	___
(01035)	Control Button, *03-04*	CP	___
(01036)	MP F7 Diesel 6-Car Freight Set, *03*	CP	___
(01037)	S-Trax Bumper 2-Pack, *03-04*	CP	___
(01038)	S-Trax Bumper 2-Pack, *03-04*	CP	___
(01039)	F7 A-Unit Gift Box, *03-04*	CP	___
(01040)	F7 B-Unit Gift Box, *03-04*	CP	___
(01041)	F7 A-B-A Set Gift Box, *03-04*	CP	___
(01042)	Control Box, Bulk, *03-04*	CP	___
(01043)	ICG SW9 Diesel 4-Car Freight Set, *03*	CP	___
(01044)	Rio Grande SW9 Diesel 5-Car Freight Set, *03*	CP	___
(01045)	Seaboard SWI Diesel 5-Car Freight Set, *03*	CP	___
(01046)	MEC F3 Diesel 5-Car Freight Set, *03*	CP	___
(01047)	D&RGW E/V Caboose #3, *03-04*	CP	___
(01048)	D&RGW E/V Caboose #4, *03-04*	CP	___
(01049)	GTW Side-Panel Hopper, 4, *03-05*	CP	___
(01050)	GTW Side-Panel Hopper, 1, 3-Pack, *03-05*	CP	___
(01051)	Unlet. 2-8-0 Steam Locomotive, AC/DC, *04-05*	CP	___
(01052)	B&O 2-8-0 Steam Locomotive 1, AC/DC, *03-05*	CP	___

S-HELPER SERVICE 1994–2006

		Retail	Cond/$
(01053)	B&O 2-8-0 Steam Locomotive 2, AC/DC, *03-05*	CP	___
(01054)	AT&SF 2-8-0 Steam Loco 1, AC/DC, *03-05*	CP	___
(01055)	AT&SF 2-8-0 Steam Loco #2, AC/DC, *04-05*	CP	___
(01056)	C&NW 2-8-0 Steam Locomotive 1, AC/DC, *03-05*	CP	___
(01057)	CN&W 2-8-0 Steam Loco #2, AC/DC, *04-05*	CP	___
(01058)	Erie 2-8-0 Steam Locomotive 1, AC/DC, *03-05*	CP	___
(01059)	Erie 2-8-0 Steam Locomotive 2, AC/DC, *03-05*	CP	___
(01060)	MEC 2-8-0 Steam Locomotive 1, AC/DC, *03-05*	CP	___
(01061)	MEC 2-8-0 Steam Locomotive 2, AC/DC, *03-05*	CP	___
(01062)	NYC 2-8-0 Steam Locomotive 1, AC/DC, *03-05*	CP	___
(01063)	NYC 2-8-0 Steam Locomotive 2, AC/DC, *03-05*	CP	___
(01064)	Southern 2-8-0 Steam Loco 1, AC/DC, *03-05*	CP	___
(01065)	Southern 2-8-0 Steam Locomotive 2, AC/DC, *03*	CP	___
(01066)	UP 2-8-0 Steam Locomotive 1, AC/DC, *03-05*	CP	___
(01067)	UP 2-8-0 Steam Locomotive 2, AC/DC, *03, 05*	CP	___
(01068)	WM 2-8-0 Steam Locomotive 1, AC/DC, *03, 05*	CP	___
(01069)	WM 2-8-0 Steam Locomotive 2, AC/DC, *03, 05*	CP	___
(01070)	Flatcar w/ Oliver Corn Picker, *03, 05*	CP	___
(01071)	Unlet. 2-8-0 Steam Locomotive 1, AC/DC, *03-04*	CP	___
(01072)	B&O 2-8-0 Steam Locomotive 1, DCC Sound, *03*	CP	___
(01073)	B&O 2-8-0 Steam Locomotive 2, DCC Sound, *03*	CP	___
(01074)	Santa Fe 2-8-0 Steam Loco 1, DCC Sound, *03*	CP	___
(01075)	Santa Fe 2-8-0 Steam Loco 2, DCC Sound, *03*	CP	___
(01076)	C&NW 2-8-0 Steam Loco 1, DCC Sound, *03*	CP	___
(01077)	C&NW 2-8-0 Steam Loco 2, DCC Sound, *03*	CP	___
(01078)	Erie 2-8-0 Steam Locomotive 1, DCC Sound, *03*	CP	___
(01079)	Erie 2-8-0 Steam Locomotive 2, DCC Sound, *03*	CP	___
(01080)	MEC 2-8-0 Steam Locomotive 1, DCC Sound, *03*	CP	___
(01081)	MEC 2-8-0 Steam Locomotive 2, DCC Sound, *03*	CP	___
(01082)	NYC 2-8-0 Steam Locomotive 1, DCC Sound, *03*	CP	___
(01083)	NYC 2-8-0 Steam Locomotive 2, DCC Sound, *03*	CP	___
(01084)	Southern 2-8-0 Steam Loco 1, DCC Sound, *03*	CP	___
(01085)	UP 2-8-0 Steam Locomotive 1, DCC Sound, *03*	CP	___
(01086)	Southern 2-8-0 Steam Loco 2, DCC Sound, *03*	CP	___
(01087)	UP 2-8-0 Steam Locomotive 2, DCC Sound, *03*	CP	___
(01088)	WM 2-8-0 Steam Locomotive 1, DCC Sound, *03*	CP	___
(01089)	WM 2-8-0 Steam Locomotive 2, DCC Sound, *03*	CP	___
(01090)	Flatcar w/ IH Farmall Corn Picker, *03-05*	CP	___
(01091)	Unlet. 2-8-0 Steam Loco 2, DCC Sound, *03*	CP	___
(01092)	B&O 2-8-0 Steam Locomotive 1, DCC, *03*	CP	___
(01093)	B&O 2-8-0 Steam Locomotive 2, DCC, *03*	CP	___
(01094)	Santa Fe 2-8-0 Steam Locomotive 1, DCC, *03*	CP	___
(01095)	Santa Fe 2-8-0 Steam Locomotive 2, DCC, *03*	CP	___
(01096)	C&NW 2-8-0 Steam Locomotive 1, DCC, *03*	CP	___
(01097)	C&NW 2-8-0 Steam Locomotive 2, DCC, *03*	CP	___
(01098)	Erie 2-8-0 Steam Locomotive 1, DCC, *03*	CP	___
(01099)	Erie 2-8-0 Steam Locomotive 2, DCC, *03*	CP	___
(01100)	MEC 2-8-0 Steam Locomotive 1, DCC, *03*	CP	___
(01101)	MEC 2-8-0 Steam Locomotive 2, DCC, *03*	CP	___
(01102)	NYC 2-8-0 Steam Locomotive 1, DCC, *03*	CP	___
(01103)	NYC 2-8-0 Steam Locomotive 2, DCC, *03*	CP	___
(01104)	Southern 2-8-0 Steam Locomotive 2, DCC, *03*	CP	___

S-HELPER SERVICE 1994–2006

		Retail	Cond/$
(01105)	Southern 2-8-0 Steam Locomotive 1, DCC, *03*	CP	___
(01106)	UP 2-8-0 Steam Locomotive 1, DCC, *03*	CP	___
(01107)	UP 2-8-0 Steam Locomotive 2, DCC, *03*	CP	___
(01108)	WM 2-8-0 Steam Locomotive 1, DCC, *03*	CP	___
(01109)	WM 2-8-0 Steam Locomotive 2, DCC, *03*	CP	___
(01110)	GN Offset Hopper #4, *03-05*	CP	___
(01111)	GB&W Offset Hopper 3-Pack #1, *03-04*	CP	___
(01111)	Unlet. 2-8-0 Steam Locomotive 2, DCC, *03*	CP	___
(01112)	GB&W Offset Hopper #4, *03-05*	CP	___
(01113)	IC Offset Hopper 3-Pack #1, *03-05*	CP	___
(01114)	IC Offset Hopper #4, *03-05*	CP	___
(01115)	L&NE Offset Hopper 3-Pack #1, *03-05*	CP	___
(01116)	L&NE Offset Hopper #4, *03-05*	CP	___
(01117)	NYC Offset Hopper #4, *03-05*	CP	___
(01118)	NYC Offset Hopper 3-Pack #1, *03-05*	CP	___
(01119)	Peabody Offset Hopper #4, *03-05*	CP	___
(01120)	Peabody Offset Hopper 3-Pack #1, *03-05*	CP	___
(01121)	Detroit & Mackinac Offset Hopper 3-Pk #1, *03-05*	CP	___
(01122)	Track Planning Guide pamphlet, *03-05*	CP	___
(01123)	Detroit & Mackinac Offset Hopper #4, *03-05*	CP	___
(01124)	TP&W Offset Hopper 3-Pack #1, *03-05*	CP	___
(01125)	TP&W Offset Hopper #4, *03-05*	CP	___
(01126)	DT&I 40' Steel Rebuilt Boxcar #1, *04-05*	CP	___
(01127)	DT&I 40' Steel Rebuilt Boxcar #2, *04-05*	CP	___
(01128)	GN 40' Steel Rebuilt Boxcar #1, *04-05*	CP	___
(01129)	GN 40' Steel Rebuilt Boxcar #2, *04-05*	CP	___
(01133)	Frisco 40' Steel Rebuilt Boxcar #1, *04-05*	CP	___
(01134)	Frisco 40' Steel Rebuilt Boxcar #2, *04-05*	CP	___
(01135)	Frisco LCL 40' Steel Rebuilt Boxcar, *04*	CP	___
(01136)	Armour Stock Express 40' Stockcar #1, *03-05*	CP	___
(01137)	Armour Stock Express 40' Stockcar #2, *03-05*	CP	___
(01138)	GN 2003 Christmas 40' Stockcar, *03*	CP	___
(01139)	Nickel Plate Road 40' Stockcar #1, *03-05*	CP	___
(01140)	Nickel Plate Road 40'' Stockcar #2, *03-05*	CP	___
(01141)	UP 40' Stockcar #5, *03-05*	CP	___
(01142)	UP 40' Stockcar #6, *03-05*	CP	___
(01143)	BN PS-2 2-Bay Covered Hopper #4, *03-05*	CP	___
(01144)	BN PS-2 2-Bay Covered Hopper #5, *03-05*	CP	___
(01145)	Chessie System (C&O) PS-2 2-Bay Covered Hopper #1, *03-05*	CP	___
(01146)	Chessie System (C&O) PS-2 2-Bay Covered Hopper #2, *03-05*	CP	___
(01147)	D&H PS-2 2-Bay Covered Hopper #1, *03-05*	CP	___
(01148)	D&H PS-2 2-Bay Covered Hopper #2, *03-05*	CP	___
(01149)	NAHX Boraxo PS-2 2-Bay Covered Hopper, *03-05*	CP	___
(01150)	Susquehanna 40' Steel Rebuilt Boxcar #1, *04-05*	CP	___
(01151)	Susquehanna 40' Steel Rebuilt Boxcar #2, *04-05*	CP	___
(01152)	PRR 40' Steel Rebuilt Boxcar (Shadow Scheme) #1, *04-05*	CP	___
(01153)	Unlettered Offset Hopper, Black, *03-05*	CP	___
(01154)	Unlettered Offset Hopper, Red, *03-05*	CP	___
(01155)	CNJ Offset Hopper 3-Pack #1, *03-05*	CP	___

S-HELPER SERVICE 1994–2006

		Retail	Cond/$
(01156)	CNJ Offset Hopper #4, *03-04*	CP	___
(01157)	DL&W Offset Hopper 3-Pack #1, *03-04*	CP	___
(01158)	DL&W Offset Hopper #4, *03-05*	CP	___
(01159)	GN Offset Hopper 3-Pack #1, *05*	CP	___
(01160)	PRR 40' Steel Rebuilt Boxcar (Shadow Scheme) #2, *04*	CP	___
(01161)	GN Standard Flatcar #1, *04*	CP	___
(01162)	GN Standard Flatcar #2, *04-05*	CP	___
(01163)	NP Standard Flatcar #1, *04-05*	CP	___
(01164)	NP Standard Flatcar #2, *04-05*	CP	___
(01165)	Frisco Standard Flatcar #1, *04-05*	CP	___
(01166)	Frisco Standard Flatcar #2, *04-05*	CP	___
(01167)	SP Standard Flatcar #1, *04-05*	CP	___
(01168)	SP Standard Flatcar #2, *04-05*	CP	___
(01170)	Anderson 55-Ton Side-Panel Hopper Car, #1, 3-pack, *04-05*	CP	___
(01171)	Anderson 55-Ton Side-Panel Hopper, #5, *04-05*	CP	___
(01172)	CN 55-Ton Side-Panel Hopper Car 3-pack, *04-05*	CP	___
(01173)	CN 55-Ton Side-Panel Hopper Car, *04-05*	CP	___
(01174)	Rock Island 55-Ton Side-Panel Hopper 3-pk, *04-05*	CP	___
(01175)	Rock Island 55-Ton Side-Panel Hopper, *04-05*	CP	___
(01176)	Unlettered USRA 2-Bay Hopper, Black, *04-05*	CP	___
(01177)	Unlettered USRA 2-Bay Hopper, Red, *04-05*	CP	___
(01178)	B&O USRA 2-Bay Hopper 3-Pack #1, *04-05*	CP	___
(01179)	B&O USRA 2-bay Hopper, *05*	CP	___
(01180)	CNJ USRA 2-Bay Hopper 3-Pack #1, *04-05*	CP	___
(01181)	CNJ USRA 2-Bay Hopper #4, *04-05*	CP	___
(01182)	CB&Q USRA 2-Bay Hopper 3-Pack #1, *04-05*	CP	___
(01183)	CB&Q USRA 2-Bay Hopper #4, *04-05*	CP	___
(01184)	International Harvester USRA 2-Bay Hopper 3-Pack #1, *04-05*	CP	___
(01185)	Intrntl Harvester USRA 2-Bay Hopper #4, *04-05*	CP	___
(01186)	L&N USRA 2-Bay Hopper 3-Pack #1, *04-05*	CP	___
(01187)	L&N USRA 2-Bay Hopper #4, *04*	CP	___
(01188)	New Haven USRA 2-Bay Hopper 3-Pk #1, *04-05*	CP	___
(01189)	New Haven USRA 2-Bay Hopper #4, *04-05*	CP	___
(01190)	NYC USRA 2-Bay Hopper 3-Pack #1, *04*	CP	___
(01191)	NYC USRA 2-Bay Hopper #4, *04*	CP	___
(01192)	NYO&W USRA 2-Bay Hopper 3-Pack #1, *04-05*	CP	___
(01193)	NYO&W USRA 2-Bay Hopper #4, *04-05*	CP	___
(01194)	PRR USRA 2-Bay Hopper 3-Pack #1, *04-05*	CP	___
(01195)	PRR USRA 2-Bay Hopper #4, *04-05*	CP	___
(01196)	Reading USRA 2-Bay Hopper 3-Pack #1, *04-05*	CP	___
(01197)	Reading USRA 2-Bay Hopper #4, *04-05*	CP	___
(01198)	32" Pipe Load, *04*	CP	___
(01199)	F7 DCC Sound Decoder, *04-05*	CP	___
(01200)	F3 LM AC/DC Sound Unit, *04-05*	CP	___
(01201)	F7 LM AC/DC Sound Unit, *04-05*	CP	___
(01202)	N&W USRA 2-Bay Hopper 3-Pack #1, *04-05*	CP	___
(01203)	N&W USRA 2-Bay Hopper #4, *04-05*	CP	___
(01204)	N&W USRA 2-Bay Hopper #5, *04*	CP	___
(01205)	Control Button (Slide Switch), *04*	CP	___

S-HELPER SERVICE 1994–2006

		Retail	Cond/S
(01206)	Peabody USRA 2-Bay Hopper 3-Pack #1, *04-05*	CP	___
(01207)	Peabody USRA 2-Bay Hopper #4, *04-05*	CP	___
(01208)	Andrews Tender Trucks w/ Electrical Pickup, *04*	CP	___
(01210)	Flatcar w/ Case IH Grinder Mixers, *03-05*	CP	___
(01211)	Track-cleaning Woodside Boxcar, *04-05*	CP	___
(01212)	Track-cleaning Flatcar, *04*	CP	___
(01213)	Flatcar w/ John Deere Corn Picker, *03*	CP	___
(01214)	RH No. 6 Code 110 Switch, *03-04*	CP	___
(01215)	LH No. 6 Code 110 Switch, *03-04*	CP	___
(01216)	RH No. 8 Code 110 Switch, *03-04*	CP	___
(01217)	LH No. 8 Code 110 Switch, *03-04*	CP	___
(01218)	40" Flextrack Code 110, *03-04*	CP	___
(01219)	Homabed Straight, *03-05*	CP	___
(01220)	Homabed Curve, *03-05*	CP	___
(01221)	Homabed straight/curve, *03-05*	CP	___
(01222)	Monon 55-Ton Twin Hopper Car 3-Pack, *03-05*	CP	___
(01223)	Monon 55-Ton Twin Hopper Car, *03-05*	CP	___
(01224)	LV 55-Ton Twin Hopper Car 3-Pack, *03-05*	CP	___
(01225)	LV 55-Ton Twin Hopper Car, *03-05*	CP	___
(01226)	PRR 55-Ton Twin Hopper Car 3-Pack, *03-04*	CP	___
(01227)	Pennsylvania 55-Ton Twin Hopper Car, *03-04*	CP	___
(01228)	36" Track (33 Pieces), *04*	CP	___
(01229)	CB&Q SW1 "9193," #1, *03-05*	CP	___
(01230)	CB&Q SW1 "9153," #2, *03-05*	CP	___
(01231)	CNJ SW1 "1009," #1, *03-05*	CP	___
(01232)	CNJ SW1 "1012," #2, *03-05*	CP	___
(01233)	E-L SW1 "349," #1, *03-05*	CP	___
(01234)	E-L SW1 "359," #2, *03-05*	CP	___
(01235)	GN SW1 "75," #1, *03-05*	CP	___
(01236)	GN SW1 "76," #2, *03-05*	CP	___
(01237)	B&M SW8 "800," #1, *03-05*	CP	___
(01238)	B&M SW8 "807," #2, *03-05*	CP	___
(01239)	BN SW8 "98," #1, *03-05*	CP	___
(01240)	BN SW8 "99," #2, *03-05*	CP	___
(01241)	C&NW SW8 "126," #1, *03-05*	CP	___
(01242)	C&NW SW8 "127," #2, *03-05*	CP	___
(01243)	Rock Island SW8 "821," #1, *03-05*	CP	___
(01244)	Rock Island SW8 "838," #2, *03-05*	CP	___
(01245)	Conrail SW9 "8939," #1, *03-05*	CP	___
(01246)	Conrail SW9 "8970," #2, *03-05*	CP	___
(01247)	FEC SW9 "221," #1, *03-05*	CP	___
(01248)	FEC SW9 "228," #2, *03-05*	CP	___
(01249)	Frisco SW9 "305," #1, *03-05*	CP	___
(01250)	Frisco SW9 "314," #2, *03-05*	CP	___
(01251)	Lehigh Valley SW9 "280," #1, *03-05*	CP	___
(01252)	Lehigh Valley SW9 "292," #2, *03-05*	CP	___
(01253)	Santa Fe NW2 "2403," #1, *04-05*	CP	___
(01254)	Santa Fe NW2 "2417," #2, *04-05*	CP	___
(01255)	Chessie System (C&O) NW2 "5280," #1, *04-05*	CP	___
(01256)	Chessie System (C&O) NW2 "5289," #2, *04-05*	CP	___
(01257)	Seaboard NW2 "1406," #1, *04-05*	CP	___
(01258)	Seaboard NW2 "1410," #2, *04-05*	CP	___

S-HELPER SERVICE 1994–2006

		Retail	Cond/$
(01259)	UP NW2 "1000," #1, *04-05*	CP	___
(01260)	UP NW2 "1024," #2, *04-05*	CP	___
(01261)	Unlet. NW2, *04-05*	CP	___
(01262)	Frisco E/V Caboose #1, *04-05*	CP	___
(01263)	Frisco E/V Caboose #2, *04-05*	CP	___
(01264)	CB&Q E/V Caboose #3, *04-05*	CP	___
(01265)	CB&Q E/V Caboose #4, *04-05*	CP	___
(01266)	D&RGW E/V Caboose #3, *04-05*	CP	___
(01267)	D&RGW E/V Caboose #4, *04-05*	CP	___
(01268)	GN E/V Caboose #3, *04-05*	CP	___
(01269)	GN E/V Caboose #4, *04-05*	CP	___
(01270)	MEC E/V Caboose (Scheme 3) #1, *04*	CP	___
(01271)	MSEX Silver Edge Beer Woodside Reefer, *03-04*	CP	___
(01272)	CKKX Columbia Soups Woodside Reefer, *03-04*	CP	___
(01273)	MVCX Niblets Woodside Reefer, *03-04*	CP	___
(01274)	NWX Monarch Foods Woodside Reefer, *03-04*	25	___
(01278)	URTC Milw Road Woodside Reefer #2, *03-05*	CP	___
(01277)	URTC Milw Road Woodside Reefer #1, *03-04*	CP	___
(01279)	Western Food Exp Woodside Reefer #1, *03-05*	CP	___
(01280)	Western Food Exp Woodside Reefer #2, *03-05*	CP	___
(01281)	CNJ Woodside Boxcar #1, *03-04*	CP	___
(01282)	CNJ Woodside Boxcar #2, *03-04*	CP	___
(01283)	Milw Road Woodside Boxcar #1, *03-05*	CP	___
(01284)	Milw Road Woodside Boxcar #2, *03-05*	CP	___
(01285)	MKT Woodside Boxcar #1, *03-05*	CP	___
(01286)	MKT Woodside Boxcar #2, *03-05*	CP	___
(01287)	Wellsville, Addison & Galeton woodside boxcar, *03-05*	CP	___
(01290)	BN Ore Car 5-Pack #1, *04-05*	CP	___
(01291)	BN Ore Car #6, *04-05*	CP	___
(01292)	GN Ore Car (Green) #6, *04-05*	CP	___
(01293)	GN Ore Car (Green) 5-Pack #1, *04-05*	CP	___
1295	Kadee Coupler (2), *05*	CP	___
(01303)	Conrail SW9 Diesel 4-car Freight set, *04*	CP	___
(01304)	C&NW F3 Diesel 4-car Freight set, *04*	CP	___
(01305)	Chessie (C&O) NW2 Diesel 5-car Freight set, *04*	CP	___
(01306)	D&RGW F7 Diesel 6-car Freight set, *04*	CP	___
(01307)	CB&Q SW1 Diesel 6-car Freight set, *04*	CP	___
(01308)	GN F7 Diesel 6-car Freight set, *04*	CP	___
1309	SW1 "Golden White" LED Replacement, *05*	CP	___
1310	AF Freight Car Close-Coupling Part, *05*	CP	___
(01311)	B&O EMD F7 Passenger Diesel #1, *04*	CP	___
(01312)	B&O EMD F7 Passenger Diesel #2, *04*	CP	___
(01313)	Bangor & Aroostook EMD F7 Pass. Diesel #1, *04*	CP	___
(01314)	Bangor & Aroostook EMD F7 Pass. Diesel #2, *04*	CP	___
(01315)	C&O EMD F7 Passenger Diesel #1, *04*	CP	___
(01316)	C&O EMD F7 Passenger Diesel #2, *04*	CP	___
(01317)	Rock Island EMD F7 Passenger Diesel #1, *04*	CP	___
(01318)	Rock Island EMD F7 Passenger Diesel #2, *04*	CP	___
(01319)	NYC EMD F7 Passenger Diesel #1, *04*	CP	___
(01320)	NYC EMD F7 Passenger Diesel #2, *04*	CP	___
(01321)	PRR EMD F7 Passenger Diesel (Green) #1, *04*	CP	___

S-HELPER SERVICE 1994–2006

		Retail	Cond/$
(01322)	PRR EMD F7 Passenger Diesel (Green) #2, *04*	CP	___
(01323)	PRR EMD F7 Passenger Diesel (Tuscan) #1, *04*	CP	___
(01324)	PRR EMD F7 Passenger Diesel (Tuscan) #2, *04*	CP	___
(01325)	SEA EMD F7 Passenger Diesel #1, *04*	CP	___
(01326)	SEA EMD F7 Passenger Diesel #2, *04*	CP	___
(01327)	SP EMD F7 Passenger Diesel #1, *04*	CP	___
(01328)	SP EMD F7 Passenger Diesel #2, *04*	CP	___
(01329)	UP EMD F7 Passenger Diesel #1, *04*	CP	___
(01330)	UP EMD F7 Passenger Diesel #2, *04*	CP	___
(01331)	Undecorated EMD F7 Passenger Diesel, *04*	CP	___
1333	Milwaukee Road ice box reefer (S-Fest), *04*	55	___
(01402)	DM&IR Ore Car 5-Pack #2, *04-05*	CP	___
(01412)	B&LE Ore Car 5-Pack #2, *04-05*	CP	___
(01422)	GN Ore Car 5-Pack #2, *04-05*	CP	___
(01432)	Milw Road Ore Car 5-Pack #2, *04-05*	CP	___
(01491)	B&O B/W Caboose, *04*	CP	___
(01492)	C&NW B/W Caboose, *04*	CP	___
(01493)	Chessie B/W Caboose, *04*	CP	___
(01494)	Conrail B/W Caboose, *04*	CP	___
(01495)	E-L B/W Caboose, *04*	CP	___
(01496)	P&LE (NYC) B/W Caboose, *04*	CP	___
(01497)	Rock Island B/W Caboose, *04*	CP	___
(01498)	SP B/W Caboose, *04*	CP	___
(01499)	UP B/W Caboose, *04*	CP	___
(01500)	Undecorated B/W Caboose, *04*	CP	___
1501	MEC SW9 "334," *05*	CP	___
1512	MBIX/Supreme Flavor Woodside Reefer, *05*	CP	___
1513	NWX/Mother's Cocoa Woodside Reefer, *05*	CP	___
1514	URTX/Carnation Milk Woodside Reefer, *05*	CP	___
1515	WFEX/Great Falls Beer Woodside Reefer, *05*	CP	___
1568	Duluth, South Shore & Atlantic DS Boxcar, *05*	CP	___
1571	NWP Double-sheathedBoxcar, #1, *05*	CP	___
1589	Holiday Train Figures, *05*	CP	___
1609	WP/PFE Woodside Refrigerator Car, #1, *05*	CP	___
1610	WP/PFE Woodside Refrigerator Car, #2, *05*	CP	___
1611	SFRD "Super Chief" Double-sheathed Boxcar, *05*	CP	___
1615	Conrail SW9 Diesel 4-Car Freight Set, *05*	CP	___
1616	Frisco SW9 Diesel 4-Car Freight Set, *05*	CP	___
1617	Chessie/C&O NW2 Diesel 5-Car Freight Set, *05*	CP	___
1618	GN SW1 Diesel 5-Car Freight Set, *05*	CP	___
1619	Santa Fe F7 Diesel 6-Car Freight Set, *05*	CP	___
1621	Frisco SW9 Diesel 4-Car Freight Set w/ Locomatic Sound, *05*	CP	___
1622	Chessie/C&O NW2 Diesel 5-Car Freight Set w/ Locomatic Sound, *05*	CP	___
1623	North Western Pacific dbl-sheathed boxcar, #2, *05*	CP	___
1668	AT&SF F7 Diesel 6-Car Freight Set *05*	CP	___
(ART-5400)	DC Power Pack, 24VDC, *02-05*	CP	___
No Number	Train Pack Lube Set, *02-05*	CP	___

GILBERT CATALOGS AND PAPER
1946–1967

		Good	Exc	Cond/$
1946				
D1451	Consumer Catalog, *46*			
	(A) As above	35	125	___
	(B) w/ red binder	75	395	___
No number	Envelope for D1451, *46*	2.50	7	___
D1455	Dealer Catalog, *46*	27	100	___
D1457	Gilbert Scientific Toys, *46*	10	21	___
D1458	Appointment Card, *46*	0.50	1.50	___
M2499	Instruction Sheet, *46*	0.25	0.90	___
1947				
D1462	Catalog Mailer, *47*	14	60	___
D1472	Catalog Mailer, *47*	14	60	___
D1473	Consumer Catalog, *47*	27	95	___
No number	Envelope for D1473, *47*	2.50	4	___
D1482	Dealer Catalog, *47*	20	55	___
D1492	Erector Fun and Action, *47*	4	13	___
D1495	What Retail Stores Should Know, *47*	4	13	___
D1496	Display Suggestions, *47*	45	270	___
D1502	Advance Catalog, *47*	13	41	___
M2502	Instruction Book, *47*	2	5	___
1948				
D1505	Advance Catalog, *48*	10	49	___
D1507	Consumer Catalog, *48*	15	75	___
D1508	Superman, *48*	17	80	___
D1508	Consumer Catalog, *48*			
	(A) As above	10	27	___
	(B) Postage Prepaid	5	18	___
D1517	HO Catalog, *48*	9	23	___
1949				
D1524	Gilbert Scientific Toys Catalog, *49*	5	9	___
D1525	Bang Bang Torpedo, *49*	45	90	___
D1530	Advance Catalog, *49*	18	41	___
D1531	Gilbert Scientific Toys Catalog, *49*	5	9	___
D1536	Consumer Catalog, *49*	9	40	___
D1547	Catalog Envelope, *49*	1.50	4	___
D1552	How to Sell American Flyer, *49*	5	18	___
M2690	Instruction Booklet, *49*			
	(A) Yellow cover	1.50	6	___
	(B) White cover	4	10	___
1950				
D1578	Dealer Catalog, *50*	13	55	___
D1579	Gilbert Toys, *50*	5	16	___
D1581/D1581A	Red/blue Ad, *50*		180	___
D1604	Consumer Catalog, *50*	16	60	___

GILBERT PAPER 1946–1966		Good	Exc	Cond/S
D1610	Catalog Envelope, *50*	1.50	4	___
D1629	Dealer Action Displays Sheet, *50*		NRS	___
D1631	Dealer TV Ad, *50*	9	18	___
No number Ready Again Booklet, *50*			300	___

1951

D1637	Dealer Catalog, *51*	13	37	___
D1637A	Advance Catalog, *51*	8	25	___
D1640	Consumer Catalog, *51*	15	50	___
D1641	Erector and Gilbert Toys Catalog, *51*	2.50	5	___
D1652	Facts About AF Trains, *51*		NRS	___
D1656	AF and Toys, *51*	5	9	___
D1660	Gilbert Electric Eye, *51*	5	9	___

1952

D1667	Advance Catalog, *52*	10	43	___
D1667A	Advance Catalog, *52*	11	37	___
D1668A	Consumer Catalog, *52*		65	___
D1670	Single Sheet 200 Series Buildings., *52*	2.50	9	___
D1677	Consumer Catalog, *52*	8	31	___
D1678	Facts About AF Trains, *52*	7	11	___
M2978	AF Model Railroad Handbook, *52*	5	11	___
M2984	Instruction Book, *52*	1	4	___
No number Advance Catalog, *52*			NRS	___
No Number Consumer Catalog, Spanish, *52*			NRS	___

1953

D1699	Consumer Catalog, *53*		NRS	___
D1703	Erector and Other Toys, *53*	3	7	___
D1704	Dealer Catalog, *53*	9	39	___
D1714	Dealer Catalog, East, *53*	8	29	___
D1715	Consumer Catalog, West, *53*	11	33	___
D1727	Tips on Selling AF Trains, *53*	5	9	___
D1728	Tips on Erector, *53*	2.50	8	___

1954

D1734	Catalog Envelope, *54*	1.50	4	___
D1740	Erector and Gilbert Toys, *54*	0.85	4	___
D1744	AF and Erector Ad Program, *54*	4	16	___
D1746	Dealer Catalog, *54*			
	(A) Pulp	8	26	___
	(B) Glossy	8	30	___
D1748	Catalog, East, *54*			
	(A) Consumer	3	13	___
	(B) Dealer	4	16	___
D1749	Dealer Catalog, West, *54*	11	27	___
D1750	Dealer Displays, *54*		NRS	___
D1751	Microscope Flysheet, *54*	0.85	2.50	___
D1760	Consumer Catalog, East, *54*	10	33	___
D1761	Consumer Catalog, West, *54*	12	36	___

GILBERT PAPER 1946–1966

		Good	Exc	Cond/$
D1762	Boys RR Club Letter, *54*	1.50	5	___
D1769	Read All About Ad Campaign, *54*		NRS	___
D1774	Erector and Other Gilbert Toys, *54*	2.50	5	___
D1777	Reply Postcard, *54*	0.85	2.50	___
M3290	Instruction Book, *54*	1.50	5	___

1955

		Good	Exc	Cond/$
D1782	Dealer Catalog, *55*	8	30	___
D1783	Certificate of Registry, *55*	5	9	___
D1784	Erector and Other Gilbert Toys, *55*		80	___
D1801	Consumer Catalog, East, *55*	7	32	___
D1802	Consumer Catalog, West, *55*	9	25	___
D1814	Choo Choo Sound Foldout, *55*	0.85	4	___
D1816	Dealer Catalog, *55*	9	22	___
D1820	HO Consumer Catalog, *55*	0.95	3	___
D1835	Tips for Selling Erector, *55*	0.85	2.50	___
D1840	Envelope, *55*	0.85	4	___
M3450	Instruction Book, *55*	1	5	___

1956

		Good	Exc	Cond/$
D1866	Consumer Catalog, East, *56*	7	26	___
D1867	Consumer Catalog, West, *56*	10	28	___
D1874	Dealer Catalog, *56*	14	37	___
D1879	Gilbert and Erector Toys, *56*	0.90	6	___
D1882	American Flyer and Erector Displays, *56*	0.90	7	___
D1899	Big Value American Flyer Railroad Trestle System Special Set Brochure, *56*		100	___
D1904	Gilbert HO Catalog, *56*	2	12	___
D1907	Dealer Catalog, *56*	6	25	___
D1920	How to Build a Model Railroad, *56*	2	11	___
D1922	Miniature Catalog, *56*	6	25	___
D1925	Erector Folder, *56*	2	7	___
D1926	Envelope for D1922 Catalog, *56*	1.50	4	___

1957

		Good	Exc	Cond/$
D1937	Dealer Catalog, *57*	9	22	___
D1966	Consumer Catalog, *57*	2.50	9	___
D1973	Erector and Other Toys, *57*	0.85	2.50	___
D1980	Cardboard, *57*		35	___
D1981	Same as D1980, *57*		35	___
D2006	Consumer Catalog, East, *57*	5	27	___
D2007	Consumer Catalog, West, *57*	13	40	___
D2008	Erector and Toys, *57*	0.85	4	___
D2022	Dealer Flyer, *57*		50	___
D2031	Consumer Catalog, *57*		50	___
D2037	Erector and Gilbert Toys, *57*	0.85	5	___
D2045	Gilbert Promotion Kit, *57*		NRS	___
No number Same as M3450 (1955) but w/o number, *57*		20	___
M3817	HO Instructions, *57*	2	7	___

GILBERT PAPER 1946–1966

		Good	Exc	Cond/S
1958				
D2047	Consumer Catalog, *58*	21	90	___
D2048	Catalog, West, *58*	25	70	___
D2058	Erector and Toys, *58*	0.85	5	___
D2060	Erector and Gilbert Toys, *58*	2	10	___
D2073	Advance Catalog, *58*	6	17	___
D2080	Smoking Caboose, *58*		125	___
D2086	Consumer Folder, East, *58*	2.50	13	___
D2087	Consumer Folder, West, *58*	1	11	___
D2088	Consumer Folder, *58*	2.50	13	___
D2101	Career Building Science Toys, *58*	0.85	2.50	___
D4106	HO Catalog, *58*	1.50	6	___
M4195	Accessory Folder, *58*	0.85	4	___
M4202	Color Billboards, *58*		10	___
1959				
D2115	Dealer Catalog, *59*	12	36	___
No Number Canadian, D2115, *59*			NRS	___
D2118	AF No. 20142, Willit, *59*		15	___
D2120	Career Building Science Toys, *59*	0.85	5	___
D2125	Overland Express Sheet, *59*	0.85	2.50	___
D2146	Consumer Catalog, *59*	1	11	___
D2148	Consumer Catalog, *59*	0.95	7	___
D2171-D2179 Dealer Promotional Set, *59*			NRS	___
D2179	Promotional Sheet, Franklin Set, *59*	0.95	5	___
D2180	Gilbert Science Toys, *59*	0.85	4	___
M4225	Train Assembly and Operating Instructions, *59*		NRS	___
M4326	Accessory Catalog, *59*	0.85	4	___
M4869	AF Maintenance Manual, *59*	0.85	2.50	___
No Number Catalog, Gilbert toys, *59*			NRS	___
1960				
D2192	Catalog, *60*			
	(A) Dealer	5	13	___
	(B) Advance		30	___
D2193	Consumer Catalog, *60*	2	10	___
D2193REV Revised Consumer Catalog, *60*		2	7	___
D2198	Action and Fun Catalog, *60*	2.50	6	___
D2205	Gilbert Toys, *60*	2	4	___
D2208	Dealer Advance Catalog, *60*		75	___
D2223	Gilbert Science Toys, *60*	1	4	___
D2224	Consumer Folder, *60*	1.50	5	___
D2225	Consumer Folder, *60*	3	6	___
D2226	Consumer Folder, *60*	1.50	4	___
D2230	Consumer Catalog, *60*	9	40	___
D2231	Consumer Catalog, *60*	2.50	9	___
No Number Promotional Sheet, Truscott Set, *60*			50	___

GILBERT PAPER 1946–1966 | | Good | Exc | Cond/$

1961

		Good	Exc	Cond/$
D2238	Career Building Science Toys, *61*	2.50	14	___
D2239	Consumer Catalog, *61*	4	19	___
D2242REV	Auto Rama Catalog, *61*	0.55	2.50	___
D2255	1961-62 Retail Display, *61*	0.50	2	___
D2266	Gilbert Science Toys, *61*	1	6	___
D2267	Consumer Catalog, *61*	4	15	___
D2268	Auto Rama Folder, *61*	0.50	2	___

1962

		Good	Exc	Cond/$
D2277REV	Career Building Science Toys, *62*	7	23	___
D2278	Dealer Catalog, *62*	2.50	17	___
D2278REV	Revised Dealer Catalog, *62*	2	10	___
D2282	Dealer Catalog, *62*		35	___
D2283	HO Trains and Accessories, *62*	2	7	___
D2307	Consumer Ad Mats, *62*		75	___
D2310	Consumer Catalog, *62*	4	17	___
M6874	Instruction Booklet, *62*	0.85	4	___
No number	The Big Ones Come From Gilbert, *62*		35	___

1963

		Good	Exc	Cond/$
D2321	Dealer Catalog, *63*	1.50	5	___
D2321REV	Revised Dealer Catalog, *63*	5	16	___
D2328	Consumer Catalog, *63*		30	___
X863-3	Consumer Catalog, *63*	4	16	___

1964

		Good	Exc	Cond/$
X-264-6	Consumer Catalog, *64*	3	17	___
No Number	Similar to X-264-6, 8 pages, *64*		NRS	___
No Number	Similar to X-264-6, black binding, *64*		NRS	___
564-11	Dealer Catalog, *64*	2	9	___

1965

		Good	Exc	Cond/$
X165-12	Dealer Catalog, *65*	6	15	___
X165-12REV	Revised Dealer Catalog, *65*	6	13	___
X365-10	Consumer Folder, *65*	1.50	6	___
T465-5REV	Dealer Folder, *65*	0.85	2.50	___

1966

		Good	Exc	Cond/$
T-166-6	Dealer Catalog, *66*	4	10	___
T166-7	Gilbert Action Toys, *66*	6	32	___
X-466-1	Consumer Catalog, *66*	3	15	___
M6788	All Aboard instructions, *66*	3	8	___

1967*

		Good	Exc	Cond/$
No number	Four-page Folder, *67*	0.85	4	___

*Gilbert train production ended in 1966; however, an American Flyer Industries Folder was released for 1967.

ABBREVIATIONS
Pocket Guide Descriptions

AC	alternating current	pass.	passenger
bldgs.	buildings	PB	Alco diesel locomotive w/o cab
B/W	bay window		
comb.	combination	PM	Pike Master
Cond	condition	ptd.	painted
DC	direct current	QE	questionable existence
FP	diesel locomotive	RC	remote control
gen.	generator	REV	revised
GP	diesel locomotive	RH	right hand
Jct.	junction	s-i-b	smoke in boiler
KC	knuckle couplers	s-i-t	smoke in tender
lett.	lettering	sta.	station
LH	left hand	S/W	square window
(mv)	many variations	u	uncataloged
oper.	operating	Wash.	Washington
PA	Alco diesel locomotive w/cab	West.	Western

Railroad Name Abbreviations

AF (AFL)	American Flyer (Lines)	LV	Lehigh Valley
ART Co.	American Refrigerator Transit Co.	MEC	Maine Central
		MKT	Missouri-Kansas-Texas
ATSF	Atchison, Topeka and Santa Fe	MP (MoPac)	Missouri Pacific
		MR	Milwaukee Road
B&A	Boston and Albany	M&StL	Minneapolis and St. Louis
BAR	Bangor and Aroostook Railroad		
		NASG	National Association of S-Gaugers
BM	Boston and Maine		
BN	Burlington Northern	NH	New Haven
B&O	Baltimore and Ohio	NKP	Nickel Plate Road
C of G	Central of Georgia	NP	Northern Pacific
CB&Q	Chicago, Burlington and Quincy	NW	North Western
		N&W	Norfolk and Western
CMStP&P	Chicago, Milwaukee, St. Paul and Pacific	NYC	New York Central
		NYNH&H	New York, New Haven and Hartford
CN	Canadian National		
CNJ	Central of New Jersey	P&LE	Pittsburgh and Lake Erie
CNW	Chicago North Western		
C&NWRY	Chicago and North Western Railway	PC	Penn Central
		PRR	Pennsylvania Railroad
C&O	Chesapeake and Ohio	REA	Railway Express Agency
CP	Canadian Pacific	RL	Reading Lines
CRP	Central Railroad of Pennsylvania	RUT	Rutland
		SF	Santa Fe
D&H	Delaware and Hudson	SP	Southern Pacific
DRG	Denver and Rio Grande	T&P	Texas and Pacific
D&RGW	Denver and Rio Grande Western	TCA	Train Collectors Association
DT&I	Detroit, Toledo, and Ironton	TTOS	Toy Train Operating Society
GAEX	General American Express	UFGE	United Fruit Growers Express
GM	General Motors	UP	Union Pacific
GM&O	Gulf, Mobile and Ohio	USAF	United States Air Force
GN	Great Northern	USM	United States Marines
HARR	Historic American Railroad	VC	Vermont Central
		WC	Wisconsin Central
IC	Illinois Central	WM	Western Maryland
L&N	Louisville and Nashville	WP	Western Pacific
LNE	Lehigh New England	WSX	White's Discount Centers

NOTES